染色

絲成練熟時萬縷
銀光皎皎因為五色
形曾費萬仙老奇
方自聖傳不離何
人晓染得色鮮明
多是天工巧

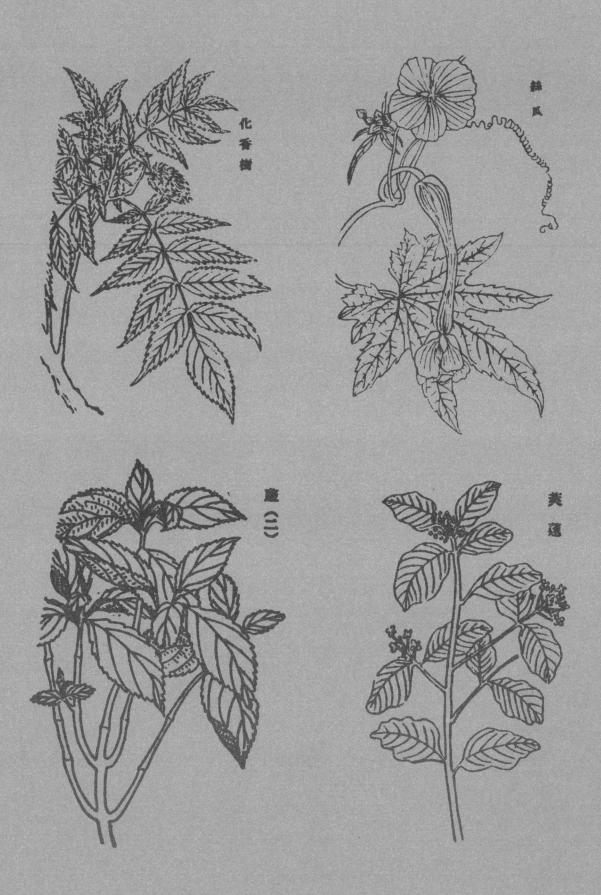

化香樹　絲瓜

薑（二）　芙蕖

大地之華

——台灣天然染色事典（續）

陳景林・馬毓秀 著

台中縣立文化中心 編印

大地之華──台灣天然染色事典（續）

目　錄

■下篇：植物染色

第四章：染材與試樣

大地之華（續）

植物染色作品在歷史博物館展出時的戶外景觀作品。（陳景林、馬毓秀作）

◎縣長序

再現台灣色彩新魅力

…企圖找尋台灣既有的
以及未被開發的色彩，並加以應用與推廣…

　　為營造本縣及台灣的編織文化風格與意識形象，縣立文化中心編織工藝館無不戮力於編、織、結、染、繡等相關的研究及推廣，以及活化運用於現代生活美學或文化創意產業中，以吸納更多的普羅大眾，欣賞並享用之。

　　九十一年起至今，在本縣文化局及文化中心的努力下，除積極爭取中央的預算執行外，並分年執行「第七屆編織工藝獎」、「2002年亞太編織藝術節」、「文化書籍出版－大地之華－台灣天然染色」、「編織文化產業」等縣政白皮書計畫。

　　特別在植物染色的研究推廣上，不僅延續歷年來在台灣地區天然染色及堅牢度的專業成果上，更積極開發染色技術、培育優質人才、開設設計課程、提供學習型體驗等，企圖讓更多的民眾發現台灣既有，以及未被開發的天然色彩。

　　繼九十一年出版《大地之華─台灣天然染色事典》受到廣大群眾的迴響後，本年度賡續出版《大地之華─台灣天然染色事典〈續〉》乙書，再現台灣色彩新魅力。

　　本書除專研台灣藍染工藝的發展，及四十一種台灣地區常見的植物染材，也特別延續前書的期望，提供縣民利用本縣豐富的水果特產及常見的植物，開發深具環保意義及工藝特色的產業資訊，如「枇杷染」、「李子染」、「毛柿染」、「月橘染」、「月桃染」、「馬纓丹染」、「阿勃勒染」、「艾草染」、「苧麻染」、「野桐染」等。

　　值此專輯出刊之際，期望本書的發行，可以提升國內的天然染色工藝，更期許文化局及文化中心持續發揚現代優質的色彩文化。

　　誠摯感謝陳景林、馬毓秀伉儷多年來，致力於本書相關調查、研究、製作、策展以至撰著的辛勞，仲生深表肯定及推崇，謹為序。

台中縣長

黃仲生

◎局長序
追求好色之途

　　縣立文化中心編織工藝館長期致力於天然染色工藝的研究、推廣，並已蔚為國內促進植物染與公民美學發展的重鎮之一。

　　研究出版方面，民國八十七年至八十九年即委由陳景林老師進行二期的「台灣地區常見植物染色調查製作」計畫；九十年則委託實踐大學申屠光教授進行「台灣地區常見植物染色織品染色堅牢度」水洗、日照堅牢度測試計畫；九十一年更出版《大地之華─台灣天然染色事典》乙書。

　　推廣活動上，除了不斷的推陳出新，從染色工藝文化、產品設計、流行服裝秀、生活美學等各種角度切入，展現傳統與現代優質的色彩魅力，也透過數位編織學習、植物染藝術加值計畫等，將成效利用網路無遠弗屆的發酵出去。

　　人才培訓上，除定期舉辦初階、進階的染色研習外，也提供親子或學校師生或社區進行有趣的藍染體驗，或不定期推出「彩染」杯墊、門簾、圍巾、手工書、羊毛氈等單元教學，或開設產品設計課程，為熱愛染色工藝的同好，規劃不同層次的課程。

　　由於各界對於植物染色工藝的需求及迴響越來越多，也經常有民眾來電詢問《大地之華─台灣天然染色事典》何時再二刷？

　　因此，文化中心特依據前幾期的研究基礎，繼續出版《大地之華─台灣天然染色事典〈續〉》乙書，提供各界找尋更新的天然優質色彩，並加以應用的途徑。

　　本書共分上下兩篇，上篇專研台灣藍染工藝，包括過去與現在的發展、文獻回顧、藍植物的復育與試驗、藍靛的特性、藍靛製作、色素還原與染色、染前處理，以及蠟染、型染、紮染、夾染等的各式染纈技藝。

　　下篇則介紹「植物染色」，依據前幾年的研究基礎，介紹本島可供開發的四十一種染材，包括李、槐、黃槐、青楓、枇杷、月橘、青剛櫟、珊瑚樹、馬纓丹、決明、瓊崖海棠、萬壽菊、墨水樹、台灣赤楊、茄苳、薑黃等，以及每種染材無媒染、或經媒染後的六種試樣、堅牢度測試值、染色記事等與讀者分享。

　　謹向戮力編著本書的陳景林、馬毓秀伉儷、以及不吝指導的曾啟雄、黃淑真、馬芬妹、吳汶錡、陳玉金等老師，而使專輯得以順利完成，特致以最高的敬意與謝忱。

台中縣文化局局長　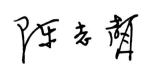　謹致

◎作者序

師法工藝家精益求精的精神

　　大地之華第一冊於民國九十一年十二月出版,出版距今正好兩年,這兩年中,台灣各地社區與文教機構也經常舉辦植物染色的推廣活動,加上媒體的大量報導,使得植物染色在短暫的期間裡已變成大眾耳熟能詳的熱門藝能活動。各地的體驗與研習教學活動陸續展開,全台北、中、南、東各縣市都有若干推動基地,看來植物染色可能也會如十年前的陶藝發展一般,在短短的三五年後,快速變成可全民參與的鄉土文化活動項目。

　　拜各地方的「文化季」、「文化祭」、「文化曆」與「文化節」等文化活動的帶動,同時也蒙中央「鄉土藝術教育」、「社區總體營造」與「文化創意產業」等文化政策的促動,使得沈寂數十年的植物染色終於找到可以播種的契機,雖然這重生的工藝深度仍嫌不足,但總算在學校與社區都已有它可以深耕的園地。

　　乍看起來,台灣植物染色的推廣已日漸熱絡,不過師資專業與工藝層次卻仍令人掛心。大體說來,過快興起的文化也可能會快速消亡,除非這榮景的背後能有深厚的傳統美學基礎與優異的技藝在支撐,否則,以時下許多學藝未通的學員就迫不及待地開設教席的情況來看,植物染色將很可能會在部分人「囫圇吞棗」與「現學現賣」中,呈現出許多「專業不專」產生的弊端。

　　我們認為:天然染色(含植物染色)為染織工藝的一環,而染織工藝復為造形藝術的要項,任何造形藝術的學習都應包括造形、色彩、材質、技法與史觀史論等五個層面。倘若大部分的學習者都僅著力於技藝一端,甚或僅抓到技藝的枝微末節或奇巧花招部分,則這工藝的發展就很容易被導入死巷中。從工藝的本質來說,創意是工藝的特性;優質是工藝的目標;而必然性的追求才是工藝能力的保證。要達成創作優質的良品美器目標,染織工藝者勢應學習工藝家精益求精的精神與心手相應的能力,才能使自己的設計創作不斷提升,也才能使自己的專業知能不致偏廢。當多數染織工作者都能在「不躁進」、「不倖進」的情況下成長,台灣染織工藝才能日漸累積、日趨深厚。

　　大地之華第二冊的內容分上、下兩篇,上篇為藍染工藝篇,主要為我們十五年來對藍染的考察、試做與近五年在台南藝大、天染工坊與三峽藍染的教學與輔導經驗歸納,希望從寬大的藍染工藝文化中,開展台灣藍染的多元面相。下篇為植物染色篇,其內容乃先前承辦台中縣立文化中心「台灣常見植物染色研試專案」的內容呈現,故為第一冊內容的延續。下篇共收納植物染材四十一種,多數為台灣極常見的本土性植物,即使有少數如紅花、紫草、五倍子、槐花等台灣不產的染材,也因過去長年作為中藥之用而很容易在中藥行購得,所以就材料的取得來說都具有相當的方便性。

　　本書染色試片旁多數都附有日晒與水洗堅牢度的參考星號標示,此星號乃依據申屠光教授為本書試片所測試的報告轉化而來,星號從一顆星到五顆星共分五級,星號愈多,表示堅牢度愈好,無標示者為未進行測試者。

　　除了藍染與冷染之外,對於植物染中「天然染色緒論」、「天然染材的認識與採集」、「基本染法概述」等內容,皆已在第一冊中探討,讀者若需相關資料,請逕查閱該書內容。為便於讀者查閱其綱要,本書於書末亦附有第一冊目錄,歡迎參考。

　　最後再次感謝許多為本書付出心力的朋友,希望本書的付梓,能起到拋磚引玉的作用,使台灣染織工藝能在基礎研究工作持續累積中穩步向上發展。

陳景林　馬毓秀　謹識　公元 2004 年 12 月

大地之華（續）

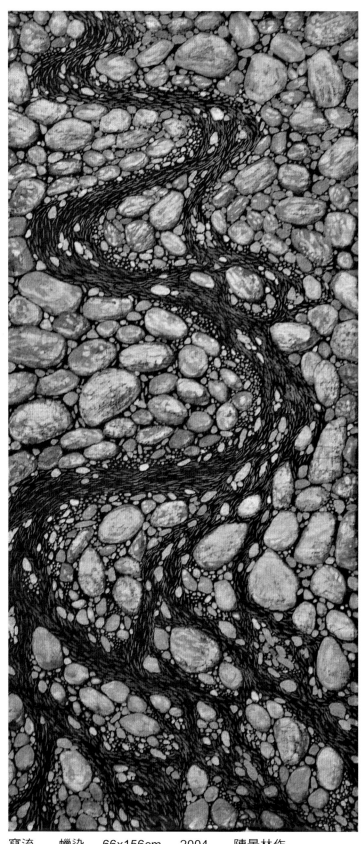

竄流　蠟染　66x156cm　2004　陳景林作

■上篇：藍染工藝

第一章
藍染概論

藍染的色彩層次

第一節：緣起

「藍」在我國傳統文化中具有多重指涉，且都與青色系的色彩息息相關，其主要的範疇有三，一為具有青色系色素的植物名稱，如蓼藍、馬藍等是。二為傳統的天然藍靛染料，如靛藍、養藍、藍缸、藍印花布等藍，皆指藍靛染料而言。三為青色系色名的通稱，如天藍、水藍、孔雀藍、湛藍等是。三者之間，相互牽連，關係至為密切。

二千多年前，荀子因曾見「藍染」操作過程的奧祕而在《勸學》篇中有「青，出於藍，而青於藍」的感喟。其後「青出於藍」原意即因民間各地普遍操持藍染技藝而為大眾所周知。時至今日，由於傳統藍染沒落，「青出於藍」一句雖仍常被大家所傳頌，但率皆取其引申為「後人成就勝前人」的含義，對於何以「青出於藍」之原意多已不甚瞭解。就字面來說，很容易讓人產生「青色是由藍色所提煉，其色素遠比藍色更深濃」的誤解。從個人十多年來對民間藍染技藝的調查，以及種藍、養藍、染藍的實際操作中，深切體會到「藍」的多重意涵。從前段說明中，荀子「青，出於藍」的「青」指的應是藍靛染料，而「藍」不是藍色色名，而是藍植物中的蓼藍，那麼，原句應解為「染青色的靛是由蓼藍所萃取而成的，其色彩遠比蓼藍草的顏色更深濃。」如此，荀子的名言不但具象，而且也極為寫實。

我們於一九八九年起開始前往中國西南山區，從事十多回的染織工藝調查，

在中國西南偏遠農村，仍可見到自織自染的古老風情。

在偏遠的山區屢屢發現諸多少數民族仍普遍保留的傳統藍染技藝，乃將藍染列為主要調查項目之一，在前後十年的調查期間，陸續記錄了許多族群的藍染技藝。其後，眼見中國的農村社會急速產生變化，市場經濟一波波沖擊農村，外來商品日多，以傳統藍靛染土布的做法日少，故藍草的栽種量逐年降低，天然藍靛快速被合成藍所取代，以致民族服飾也開始產生質變，從而發覺使用數千年的藍染技藝可能會在不久的將來面臨消失的命運。

同時期，我們也開始在台北盆地周邊的山區找尋野生藍草，先在木柵貓空發現馬藍族群，其後並在新店、深坑、石碇、坪林、平溪、三峽、瑞芳、陽明山等地發現更多的野生馬藍，從此，開始

展開台灣藍染的研試。

第二節：台灣藍染的過去與現在

十七世紀以來，由於西歐紡織業興起，連帶對藍靛染料的需求殷切，乃開始向東方尋找藍靛染料的貨源，台灣因土質與氣候條件良好，很適合藍植物的

中國民間傳統藍染雖逐漸沒落，但尚未完全消失。

生長，在有利可圖的情況下，便逐漸發展起種藍製靛的產業來。從荷蘭人統治時期開始，台灣南部就開始種植木藍植物，其後經過明鄭時期而至清國領台期間，藍靛的發展仍以南部為主。早清三代，從大陸渡海的移民潮進入旺季，台灣西部地區即全面開拓，隨著移民腳步所至，農地開墾之後，除了栽種糧食作物之外，也種植藍草等經濟作物，藍產業因市場需求而在十八世紀得到充分的發展，整個西部平原地區與蘭陽平原皆大量種植木藍，同時也逐步向東往丘陵地區發展。十八世紀末葉至十九世紀初年，台北盆地周邊山區及中南部部分山區也開始大量種植馬藍植物，木藍與馬藍的產量隨之擴大。因此，由這兩種藍草製成的藍靛也成為台灣重要的外銷品。

坪林山區的青礐遺跡，青礐為早期的藍靛浸泡池

三峽鎮的老街屋立面上，至今仍可見到多家留有染坊的字跡。

　　根據蔡承豪先生的研究，台灣藍業最蓬勃的時期大約在嘉慶（1796-1821）至同治（1862-1875）年間，當時台灣藍靛主要是銷往中國大陸的長江流域一帶，其數量到底有多大呢？在盛期的1875年，僅淡水海關中式帆船的出口資料就記載著21萬桶，如果一桶以100斤計，即有2千1百萬斤的數量，而中南部出口數量尚未包含其中，就藍靛染料來說，那真是個很大的數量啊！

　　到十八世紀末葉之前，台灣可能並未具有專業的染坊，除了部份原住民仍然過著自績自紡自染自用的自給自足生活方式外，多數移民所使用的布匹衣料皆仰賴外地進口，其中當以大陸布料為主，而大陸布料又以長江下游所生產的布料為多。台灣一方面將藍靛染料輸往大陸，一方面又從大陸進口染好顏色的布匹，這中間自然流失了不少的利潤。但是到了十九世紀二、三十年代以後，台灣各大城市也開始創立了染坊，初期

目前台灣有許多社區都開始舉辦藍染相關活動。

染坊還從大陸請來染匠坐鎮指導，才使染色技術逐漸在本地生根，也由於台灣所染的「烏布」、「青布」聲名遠播，同時又因染坊確實具有豐厚的利潤，所以各城市與鄉街都紛紛設立，到了十九世紀中後期，台南府城、鹿港、艋舺、大稻埕、三峽等地，至少都有一、二十家以上的染坊，即使像竹南、西螺、鹽水、美濃、北斗、葫蘆墩等鄉街上，也都設有不少染坊。清末，台灣染坊所染布料，除了供應內銷所需外，同時也成為另一種賺取外匯的外銷產品。

以早期移民的衣著習慣、市場需求及染色技術來說，台灣染坊初期當以染製最具競爭力的「藍布」與「烏布」為主，這種染坊，當時稱之為「烏房」，烏房在十九世紀中後期，仍是台灣很重要的特色行業。經過兩個多世紀的藍草栽種與半個多世紀的藍染染坊經營歷程，台灣的藍產業原已紮下深厚的根基，沒想到卻在二十世紀初葉產生重大的變化。由於台灣茶葉的快速興起、化學染料的取代、大陸市場的萎縮、進口洋布的替代等原因，使得台灣藍產業在二十世紀初葉快速地沒落，至民國三十年左右，台灣藍靛幾已全面停產。

從台灣藍染沒落以來，大約經過七十年左右，藍染卻在台灣奇蹟似地復活，近十多年來，國內在幾位染織工藝家與社區文化工作者的努力下，藍染已開始在一些社區被復原與推廣，目前較具成效的社區有基隆暖暖、陽明山、三峽、後壁菁寮、美濃等地，其他還有不少社區也正在努力發展中。

我們從一九八九年起開始考察藍染工藝，同時也著手試作藍染作品。從長期的少數民族考察過程中累積了不少相關資料，其中有些已分別在芙蓉坊、漢聲等雜誌發表，近年，我們除了在學校與文化單位教授相關課程外，也參與了不少社區的藍染推廣工作，對於藍染文化的提昇，有一份堅持長久發展的信念。

第三節：藍植物的復育與藍染技藝試驗

我們從 1990 年在木柵貓空發現台灣野生馬藍起，即陸續採集台北盆地周邊山區的野生馬藍製作藍靛而開始研究藍染，近年因有感於國內藍染活動日益頻繁，野生藍草被過度採摘日漸減少，而

天染工坊種植的馬藍植物

開始針對藍植物進行復育與觀察，我們先在自家花盆中栽種馬藍觀察其生長情況，其後則因台南藝術學院委請林永興先生在白河田地上種植約一分地的木藍，而得以觀察其生長情況，近三年則與好友高銓卿先生共同指導農民賴譯祥先生栽種兩分半地的馬藍，同時又以蓼藍種子試種於木柵天染工坊及家中陽台觀察。去年馬藍栽種面積擴大為四分地，而蓼藍也開始試種了一分地，木藍也有少量栽種，以進行生長觀察、批量製靛、與染色試驗。另藍色素的萃取(製靛)與養藍發酵(還原)的配方已試驗多年，不論傳統發酵法或化學還原法皆已能適當掌握其變化，染色基質的親和性也做了部分試驗，我們曾以棉、麻、絲、

毛、縲縈等纖維布料試染多回，結果以羊毛的吸色最優，其次為麻，再次為棉，天然蠶絲與縲縈也可以適當的著色，只是效果遜於前三者，且染後較易褪色。由此可見，天然藍靛在不同材質的染著力差異甚大。染色技法的試驗也配合著作品的創作前導進行，目前雖未能通曉各藝，但也陸續有些摸索，在此僅以野人獻曝之愚誠，將少許心得與眾行家分享。

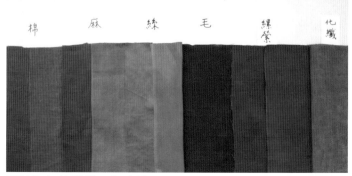

藍靛染色的纖維吸色比較

染色
絲成練時萬縷
銀光皎固為五色
形自聖傅不雜何
方自費萬仙老奇
人曉染得色難明
多是天工巧

清代焦秉貞所繪的
「御製耕織圖」第二
十圖「染色」

第四節：藍染文獻回顧

《考工記》雖是中國最早的工藝記錄，其中對染色中「畫繪」、「練絲」、「染羽」等皆有扼要記述，但並未對藍染多加說明。《詩經》中有數篇提到採藍的狀況，但並未敘述其工藝狀況。北魏賈思勰所撰的《齊民要術》對於種藍及製靛則有較詳細記載。明代宋應星所撰之《天工開物》在「彰施」篇中對染色有較具體敘述，其中也有部分談到藍染的運用。李時珍在《本草綱目》中對於藍植物則有較清晰的分類說明。清代焦秉貞所繪的「御製耕織圖」第二十圖，及《欽定授衣

廣訓》中，皆有詳細描繪染坊的插圖。清褚華所撰《木棉譜》中也對藍坊有所著墨。清衛杰撰的《蠶桑萃編》有「染政」一卷，收錄了歷代對染色的重要記錄，其中與藍染相關文獻亦復不少。另清楊鞏所撰之《中外農學合編》中有「藍」與「靛青說」，都是藍染重要文獻。清方以智所撰之《物理小識》亦有「靛」之條目，說明藍的品種與製靛之法。而台灣在清代與藍相關的文獻多夾雜在地方志中，其中說明較清晰者如：蔣毓英的《台灣府志》記載「菁子，種之以作菁澱，漳、泉皆有，產於台者尤佳。菁靛，可以作染。」周鐘瑄的《諸羅縣志》所載「菁澱

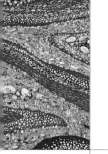

樹高可四、五尺，種園中，一名藍澱。爾雅「葳馬藍」，郭註「大葉馬藍」，邢昺疏「今為澱」者是也，臺人謂之大青。又槐藍，葉細，名小青，又蓼藍，可染綠。」其他條目雖多，敘述卻多簡略。

民國以降，與藍相關的記錄較為詳實，其中以杜燕孫所著的《國產植物染料染色法》之記錄最為完備，敘述條理也頗分明。近代之出版品則不但記錄藍植物品種，同時也擴及考察過程、工藝流程、推廣活動等不同層面。其中馬芬妹所著之《青出於藍——台灣藍染技術系譜與藍染工藝之美》即從藍染工藝的角度出發，內容涵蓋藍植物種類、採藍、製靛及藍染之美介紹。李瑞宗與陳玲香所著之《藍——台灣的民族植物與消失產業》一書，除了敘述世界主要染藍植物之外，著重台灣早期藍染產業之發展。蔡承豪的論文《從染料到染坊——17至19世紀台灣的藍靛業》則從產業史的角度來探討台灣藍靛的興起與衰落過程。王淑宜的論文《三峽藍染啟動社區學習的策略之研究》則用社區學習的研究方法，詳細記錄三峽近幾年藍染的發展過程，同時也指出今後發展的主要方向。漢聲雜誌社出版的《夾纈》，主要在記錄中國浙江蒼南縣僅存的夾纈工藝，內容相當充實。大體來說，台灣現代藍染的研究才剛起步不久，對於藍染工藝的精要——染纈技藝與色素的科學分析方面的研究較不足，是今後亟待深入的地方。

日本在藍染工藝的研究遠比中國和台灣進步許多，不論在藍植物的栽種、藍

藍染可發展成文化創意產品（馬毓秀作）

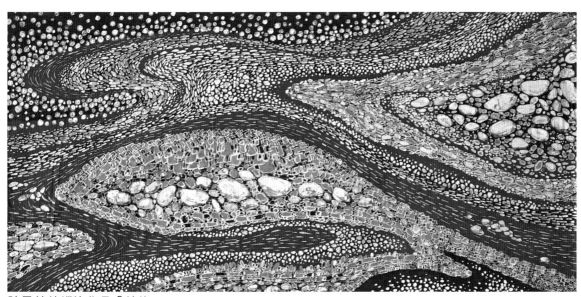

陳景林的蠟染作品「劫後」

靛的製作或染繢技藝上，都呈現出相當好的深度，藍染在工藝產業與表現藝術的發展上，也頗值得台灣研究者參考。

第五節：台灣藍染的發展途徑

藍染在台灣沈寂了半個多世紀以後重新崛起，從它開始被研究至今也不過十多年的工夫，而社會上已逐漸形成一股學習藍染的風氣，從目前的發展速度來看，藍染的後續發展力道將會更為強大，但料想已無法如清末般地成為重要的民生產業，但它若往文化創意產業的方向來發展，則應屬合理而具有發展前景的項目，因此，如何將藍染相關的知識與傳統文化質素作深入的探究，將對該文化的提升產生深遠的影響。藍染的後續發展絕不能只著眼於藍染活動與藍染話題的操作，最重要的即為前導性的研究工作要持續地接力進行，才能把他日發展的基礎奠定得較為深厚。

我們從本書初稿寫成之後，同時也完

馬毓秀的拼縫作品「藍色的夜晚」

成一些藍染試片，加上景林先前「悲歡大地」專題展覽所做的作品，可說對藍染試驗已有初步的進展，尤其在轉化常民工藝為藝術創作的工作上，我們認為應會對國內的藝壇產生一些影響。從目前研究與創作交互進行的情況來說，我們應該還會繼續深化各種染繢與造形設計能力，以便提出更多創新的可能。從

自己過往累積的知識與技能來說，要深入的研究天然色素的化學特性仍有諸多的難題。然而，如從工藝與造形創作的方向出發，將仍有不少課題可以研究，例如將藍染結合其他植物染的探討、型染與繪染的搭配研究、藍靛在各種植物纖維的染著力研究、藍靛在顏料系統的研究等課題，都是日後可以深入探討的題目，目前我們仍將以研究和教學為生活主軸，對於藝術創作也仍保有很大的熱誠，故研究內容會偏向造形應用的可能性探討，如此，研究與創作才可能同時兼顧。

至於台灣藍染要如何全面發展呢？個人認為今後可從如下的四個層面來努力：

壹：藍染可作為社區總體營造的重點項目

台灣許多地名和藍染有關，像「菁埔」、「菁寮」、「青埔」、「青礜」等地名仍存在不少，也還有一些老街保留著染坊的遺跡，有些山區仍可發現製靛的青礜遺跡，甚至在林緣、森林中、乾河床上都可發現野生藍草的族群，這些自然與人文的生態可以藉由社區文化工作者來發覺與串聯，使往日的藍彩光輝重新在社區中被重視與研究，只要有心追尋與學習，相信在四、五年內就會有不錯的成績，這些社區當可持續營造成文化性產業，社區的向心力與互動性必可加強。

三峽藍染節是重要的社區藍染活動

兒童對藍染的學習都充滿興趣

貳：藍染可作為中小學兒童鄉土藝術教學的要項

從我們的研究中可以發現藍染技藝的學習，事實上包含著鄉土歷史文化、鄉土民俗植物、美勞、工藝、家事、化學、物理、環保等不同層面的知識探討，當我們的國民教育逐漸在往類科統合的教學方向發展時，藍染是既生動有趣，又蘊含知識學理的項目，它可以讓學生從色彩遊戲中開始學起，然後逐漸導向其他相關知識的探討上。

參：藍染可發展精緻而富個性的實用工藝品

在所有天然染料之中，藍染色素的日照和水洗堅牢度都屬於良好的等級，也

日本的宮古上布乃是結合藍染與依卡織法織作成的頂級工藝品

就是說若染法恰當的話，藍染染製的產品都具有相當好的實用性，從天然染色工藝優異的日本及西方先進國家發展經驗來看，天然藍染染製的產品皆屬於高等級的商品，主要是因為人們懂得欣賞天然藍靛的細膩色彩層次，同時也懂得珍惜具有環保概念的綠色染料之故。因

藍染可作為表現藝術的媒介，圖為陳景林所作的蠟染作品「乾涸」

天然藍靛的製作成本較高，故藍染作品應以天然材質、優美色質及創意造形取勝，卻不適合發展大量而從俗的產品。

肆：藍染可作為表現藝術的發展項目

在現代纖維藝術的發展中，染色藝術是纖維藝術的重要一環，而藍染為染色歷史最久、染繪技藝最豐富的一種，所以向來為纖維藝術創作者所重視，從色素的美感、冷染的屬性、豐富的技法，以及低污染的環保特性來看，天然藍靛都是個良好的創作選項，只要能克服材料來源及養藍染色的技術關卡，相信不論在蠟染、型染、紮染、夾染以及各種技藝相互並用中，仍有大片的天地可以遨遊。

第六節：藍染相關辭意解釋

壹：藍靛（indigo）

藍靛是藍植物所萃取的泥狀物，在一般的常態下，它呈帶青紫味的暗青色，是天然染料中最重要的色素之一，也是人類運用最廣、使用最普遍的傳統染料。它的色素主要為靛青素，次為靛紅素、靛黃素與靛褐素，除靛青素和靛紅素外，其餘色素均被視為雜色素。除了染料的用途之外，藍靛又可以提煉成繪畫顏料：水墨畫所用的花青及油畫、水彩、膠彩顏料中的 indigo blue，都是以藍靛所提煉的色素。此外，古代婦女也將藍靛作為化妝品使用，她們以藍靛畫眉，故有「黛眉」之說。藍靛也長期作

十五年前，貴州鄉下趕集時，經常可見藍靛販售。

為刺青的顏料，據傳扎針之後塗以藍靛，除了可以長期著色之外，在傷口癒合前亦有消炎的功效。藍靛更具有醫藥的用途，漢藥中的青黛即是藍靛的萃取物，具有清熱、涼血、解毒等多種功效。

貳：藍染（indigo dyeing）

廣義的藍染泛指使用藍色染料所進行的染色技藝皆稱之。狹義的藍染則專指使用天然藍靛染料所進行的染色技藝，意即藍靛染色的簡稱。藍染在化學分類上屬於還原性染色法，也就是說其主要色素--靛青素（indigo）必須還原成靛白素（white indigo）才具有染著力，染色之後被染物要與空氣中的氧產生氧化作用，才能使色素定著在纖維上。藍染在操作上具有三道主要的技術關卡，即色素的萃取、靛青素的還原與染後的處理等項，其中又以自然發酵還原的技術最難掌握，是變數較多，管理條件較嚴苛的所在。古代藍染染坊之所以為高經濟效益的產業，主要即導因於藍染存在著發酵管理上的技藝難題。

參：天然染色（natural dyeing）

天然染色即傳統性染色，也就是使用天然性的染料與天然性纖維所進行的染色。在一八五六年英國化學家柏金（W. H.Perkin）發明化學合成染料前，人類全是使用天然染料。天然染料可分為礦物性染料（如硃砂、石黃）、動物性染料

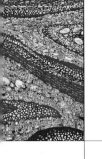

（如紫膠、牛血）及植物性染料（如藍靛、紫草）三類，其中又以植物性染料的種類最多，使用的情況最為普遍。因天然色素皆取自大自然的動、植、礦物中，使用之後，剩下的染液色素均可自行分解，並不會造成河川、土地的嚴重污染，所以被視為具資源循環利用特性的環保性染料。天然染色的技藝在化學合成染料發明後即日漸衰落，雖然還未至完全斷絕，但所佔比例已少之又少。最近國內天然染色在部分工藝家的倡導推廣下，已在部份社區文化團體及學校展開研習的活動，目前各界的反應都頗正面，有些已經具有文化創意產業發展的雛形。

肆：染纈

染色紋樣的成形技藝概稱染纈，染纈可分為：蠟纈、絞纈、夾纈、灰纈等項。蠟纈現在通稱蠟染，即染前使用具排水性的蠟液為防染劑，染後脫蠟現出圖案紋樣的方法。絞纈現在稱紮染或絞

傳統的夾纈紋樣

染，即在染前運用繩線綑綁、抽縫、纏繞等技法，使纖維產生擠壓而防染的方法。夾纈現在稱夾染，即在染前以對稱性的夾板或夾具壓夾而形成圖案的防染技法。灰纈今稱型染或刮漿染，即用具排水性的型紙雕刻鏤空圖案，再將防染漿刮印到布面形成防染層，染後將防染層刮除，以呈現圖案紋樣的技法，過去民間多以石灰加黃豆粉製作防染漿，故稱此技藝為灰纈，而民間灰纈多以藍靛染色，其所染製的布匹或服飾就稱為藍印花布。

紮染作品

第二章
藍靛的特性、
藍植物種類、
藍色素的萃取
和運用

第一節：藍靛的特性與染色原理

壹：藍靛的色素

天然藍靛是由藍植物的葉中所萃取的，藍靛之所以可以染色，主要是因它含有多量的靛青素（indigotin），靛青素也稱靛藍素，它是藍靛染色的主要色素成分。設若所有植物中都沒有靛青素的成分，那麼，傳統染色的色譜就無法齊全，在色相環上，從綠到藍紫之間，就會出現一大片空白，因此，靛青素在傳統染色中扮演著極重要的角色。此外，藍靛中還含有靛紅素（indirubin）、靛黃素（indigo yellow）、靛褐素（indibraum）等次要色素。靛紅素在藍靛染色中也具有相當的重要性，藍靛因有靛紅素的作用，使它染後可以呈現略帶紅味的藍，而不致形成純粹的單一藍色色素，這種藍中帶紅味的顏色就稱「靛色」或「藍靛色」，然而，在民間各地並無統一的色名，也有稱「紺」、「黛」、「青黛」、「碧青」、「藏青」……等諸多色名。至於靛黃素和靛褐素在藍染中皆被視為雜色素，在萃取藍靛的浸泡過程中，已隨浸泡水的排除而去除了多數，存在製好的藍靛中僅為少數，它們也會對藍染的色彩產生些微的影響，如果這些雜色素過多，染成的顏色就顯得較灰濁，但是如果這些雜色素都完全被清除，那麼，染色之後其布色就會顯得較輕，也較鮮明，它的色感就會和化學合成藍難以區別，所以少量的保留一些雜色素，對天然染色來說可能也有些必要，它會讓所染出的藍色帶有一種色彩的重量，那細膩的韻味可能只有摸索過一段藍染的人才能體會與分別。

貳：藍靛的染色原理

可以萃取藍色素的植物皆含有「indole」的化學成分，藍植物在成長的過程中，indole 與糖分受到光合成的作用而結合，在葉中變成一種水溶性的靛質「indican」構造，當 indican 充分生成的時候，我們將其枝葉割下，再經過萃取精製的過程，使色素轉化成不溶性的「indigo」，這個過程就稱之為「製靛」。製好的藍靛（indigo）因為是不溶性的色素，所以並不能直接調水來染色，若勉強染色，只會形成纖維上的浮色，洗後色素即脫落。這是因藍靛屬於還原性染料，其染料必須經過工序繁複的發酵還原過程，使不溶性的 indigo 還原為水溶性的靛白素（white indigo），才能進行染色。其還原的化學反應如下：

$$\text{靛青素（即 indigo）} + H_2 \rightarrow \text{靛白（即 white indigo）}$$

靛青素
（即 indigo）

氫

靛白
（即 white indigo）

當染布在染液（white indigo）中浸染之後，取出擰乾之餘，必須完全地拉開，使它與空氣中的氧結合而發色，這過程就稱為「氧化」。氧化後，原本可溶性靛白素（white indigo）就會再轉化為不溶性的靛青素（indigo），靛青素具有良好的堅牢度，色素因而被固著在纖維上。其氧化的化學反應如下：

日本德島縣的傳統陶製染缸

$$
\begin{array}{ccc}
\text{靛白} & \text{氧} \quad \text{水} & \text{靛青素} \\
\text{(即 white indigo)} & & \text{(即 indigo)}
\end{array}
$$

中國貴州苗族所用的木製染桶

經過上述的氧化過程，色素才會被定著在纖維上而產生染色的效果。

藍靛染料在染色化學上被歸類為還原性染料，其染法即屬於還原性染法，主要是因為染料必須經過發酵還原這個麻煩的步驟才具染著力。古代藍靛染色（以下簡稱藍染）之還原法，皆以天然的鹼水和培養劑促使色素溶解與還原菌的滋長，使染液產生發酵的現象，這個過程就稱之為「養藍」或「建藍」，其染料也稱「建染染料」，復因昔時養藍多以陶製的「染缸」或木製的「染桶」盛裝染液，所以也有稱它為「甕染染料」，或「大桶染料」者，但國人以稱「藍靛染料」最為普遍。當合成藍發明以後，其染料也多以 indigo 譯名而稱「印第科染料」或「陰丹士林染料」，它的染料特性與天然藍靛非常接近，染色原理基本相同。

綜合上述，我們再將藍色素的生成與變化整理如下：

藍植物　　　　　　　　　　　　indirubin

光合成		製靛↑		建藍·還原		染色　氧化		藍染品
indole	→	indican	→	indigo	→	white indigo	→ →	indigo
						(= indigotin)		
水溶性		不溶性		水溶性				不溶性
顯色性		隱色性		隱色性				顯色性

第二節：藍植物的種類與其復育情況

　　世界上可以萃取藍色素的植物有許多種，然而，在我國歷來較常用的只有四種，分別為蓼科的蓼藍、豆科的木藍、爵床科的馬藍和十字花科的菘藍。古代文獻對藍植物也有一些記載，不過當時並無植物分類學的系統，均以各地慣用的俗名記錄，所以和如今分類產生了一些分歧。明代宋應星在《天工開物》中記載著「凡藍五種，皆可為澱，茶藍即菘藍，插根活。蓼藍、馬藍、吳藍等，皆撒子生，近又出蓼藍小葉者，俗名莧藍，種更佳。……」另李時珍在《本草綱目》上也有記載「凡藍五種，……蓼藍，葉如蓼，五六月開花，成穗細小，淺紅色，子亦如蓼，歲可三刈，故先王禁之。菘藍，葉如白菘。馬藍，葉如苦蕒，即郭璞所謂大葉冬藍，俗中所謂板藍者，二藍花子並如蓼藍。吳藍，長莖如蒿而花白，吳人種之。木藍長莖如決明，高者三四尺，分枝布葉，葉如槐葉，七月開淡紅花，結角，長寸許，累累如小豆角，其子亦如馬蹄決明子而微小，迴與諸藍不同，而作澱則一也。別有甘藍可食，……。」從上述之植物分類來看，《天工開物》所載之莧藍，應為蓼藍品種之一，至於所載之插根活的茶藍是否為馬藍？吳藍、馬藍是否各為木藍和菘藍？因內文未多作說明，故無法確知各隸屬於何科何種。而《本草綱目》對蓼藍、菘藍、馬藍、木藍的說明基本上都和目前的現實情況相當一致，至於所載之吳藍，看來即應為蓼藍品種之一，本人在一九九九年到南通考察藍印花布時，曾經詢問當地的製靛老師傅，證實吳藍即為蓼藍之一種，因其葉片較小，在當地也稱小藍。現將目前常用的藍植物再分別敘述如下：

壹：馬藍（assam indigo）

　　馬藍的學名為 *Baphicacanthus cusia* (Ness.) Bremek，馬藍乃爵床科多年生的亞灌木植物，它的別名很多，因多栽種於山區，故俗稱為山藍，台灣早期志書上多記載為「大菁」，民間則因它主要作為染青布的染料，所以叫它為「大青」或「青仔」，在中國西南多稱為「藍草」或「藍靛草」，在中國東南則稱為「板藍」，也有為別於北方的板藍根 - - 菘藍，而稱為「南板藍」者，因其葉可沖泡為茶飲，故有稱「茶藍」者，日本則因產

台北山區林下的馬藍

生長在陰溼山區的馬藍植株

馬藍於冬季開花

藍（一）

清代《植物名實圖考》一書所繪之馬藍植株

於琉球，而稱它為「琉球藍」。

馬藍，一般高度多在 50-80 公分之間，多年生的老株則可長至一公尺以上。莖為近方柱形，一年生者較少分枝，多年生者多分枝，莖上有明顯的節，節膨大，栽植者多叢生。葉膜質，倒卵形或卵狀長橢圓形，先端尖或銳尖，基部漸狹，波狀鋸齒緣，葉中含多量色素，以手搓揉可產生黃綠色汁液，不久黃綠色汁液與空氣接觸即氧化成深藍色，此色素即為藍靛的色素來源。穗狀花序，腋生，苞片葉狀，匙形或倒披針形，早落性。花萼五裂，裂片大小不等，花冠漏斗形，上大下小，中部彎曲，五裂片，花色為粉紅略帶粉紫，花期為十一月至次年一月，蒴果長約 2.5 公分，光滑，內有種子四顆。

馬藍性喜陰溼，不愛強光日照，所以很適合在潮溼的山區樹林下栽植，台灣北部山區的降雨量多，溫暖潮溼又多雲霧，正是馬藍生長最理想的環境，所以從十八世紀以來即大量栽植，尤其以台北盆地周圍的山區栽植最多，在台灣的開拓史上，馬藍在茶葉發展之前，曾是北部最重要的經濟作物之一，台灣馬藍產業雖已在二十世紀初葉沒落，但近年本人在環台北盆地周邊的淡水、金山、陽明山、基隆、瑞芳、平溪、坪林、石碇、深坑、木柵、新店、三峽、大溪、復興等地，仍發現有許多野生的馬藍族群存在。此外，嘉義的梅山、南投日月潭德化社及信義鄉的雙龍部落也都發現了一些馬藍蹤跡。馬藍植物與藍靛染色的技藝近年能在三峽、基隆、石碇、深坑、平溪、木柵等地作為社區總體營造

的重點項目，主要乃因它從十八世紀到二十世紀初葉，曾在歷史舞台上扮演過重要的角色。本人近三年輔導天染工坊高銓卿先生，目前他和山區農民契種馬藍，生長情況良好，年產藍逾 500 公斤，除自用外，尚可分售同好。

貳：木藍（indigofera）

木藍為豆科多年生的灌木或草本植物，歷來它也有不少別稱，有因葉形似槐而稱「槐藍」，有因相較於馬藍，其葉形較小而稱「小青」或「小菁」者，有因常栽種在園子裡而稱「園菁」者，台灣民間復因染青布之用而稱「染布青」、「青仔」或「大菁」。根據《台灣樹木誌》所載，全世界木藍屬植物約 800 種，皆生

開花的野木藍

差別甚微，然而其所結豆莢卻可輕易分別，印度木藍豆莢呈直線柱形，而野木藍則呈彎曲的鐮刀形。

野木藍為直立性亞灌木，一般高約90-150公分，密植者高可達二米多，莖部、葉柄、葉背均被毛，葉為奇數羽狀複葉，小葉3-7對，倒卵形或長橢圓形，花序總狀，腋出，紅色而帶橙味，長僅0.5公分，果莢約1.5公分，密生於枝上。

木藍是熱帶向陽性植物，既可耐乾旱，又可耐貧瘠，陽光充足的中南部非常適合生長，一年收成二至三穫，故台灣早期在中南部的田野

野木藍植株

長於熱帶及亞熱帶，其中可用於製作藍靛染料的不到十種，而台灣共有13種，但早期較常被用來製作藍靛染料的為野木藍（學名 *indigofera suffruticosa Mill.*）和印度木藍（*indigofera tinctoria* L.）兩種，野木藍又稱「野青樹」、「蕃菁」或「南蠻木藍」，它原生於熱帶美洲，後來引入熱帶亞洲，再傳入台灣。印度木藍又稱「本菁」，原生於印度，流傳至印尼與東南亞，然後再北傳至台灣。就植株外觀來說，兩者之間

野木藍所結豆莢

開闊地區即以種植木藍為主，木藍的栽種量與收成量均高於馬藍，因而成為清季台灣藍靛原料的大宗。目前台灣中南部的荒溪野地中偶爾可見到少量的野生木藍蹤跡，有時也會在農家庭院中發現少量作為藥用的種植，大量的野生族群迄未發現，這可能和它適合生長在開闊向陽曠野的特性有關，而開闊向陽的曠野早為人們開發，不是種植糧食作物，就是種植其他經濟作物，故乃壓縮了木藍自然繁殖的空間。近年台灣工藝研究所馬芬妹老師曾在霧峰試種，本人服務的台南藝術學院應用藝術研究所曾委託白河林永興先生試種，本人也在新店、台中大坑、平溪等地試種，皆有不錯的成果，今後當可繼續復育，製作藍靛才有足夠的原料來源。

參：蓼藍（polygonum）

蓼藍的學名為*polygonum tinctorium Lour.* 它原生於中國，英文常稱它為「Chinese indigo」或「Japanese indigo」，乃是因它主要產於中國和日本，蓼藍在中國的使用歷史悠久，《夏小正》載有「五月，啟灌藍蓼」，《詩經‧采綠》云：「終朝采藍，不盈一襜」，《荀子‧勸學篇》上說「青出於藍，勝於藍」，所指之藍，據研究皆為蓼藍。蓼藍分布在溫帶至亞熱帶間，中國黃河流域以南及長江流域中下游皆適合其生長，長江三角洲一帶過去為吳國之所在，其所種之蓼藍有稱吳藍者。中國昔日民間最著名的藍布衫與藍印花布的興起，多與蓼藍生產的普遍有關，蓼藍在中國歷史上曾長期地扮演染色的重要地

從日本引種復育的蓼藍

位。但自二十世紀初化學染料興盛以來，中國蓼藍產業即快速沒落，目前已極少種植，而近年長江下游重新恢復的藍印花布皆改以外地輸入的馬藍藍靛為主，中國蓼藍能否恢復種植似乎還在未定之數。

蓼藍為蓼科一年生或二年生植物，植株高度約在40-50公分間，若生長條件良好者，亦可達80公分，莖有綠色及紅色品種之異，莖有節，節上生葉，葉互生，長橢圓形或尖卵形，先端銳尖，波狀緣。葉片含靛青素，乾後呈暗藍綠色。花序為穗狀，有紅色及白色不同品種之分，花後結種子，種子細小，黑褐色。台灣早年並未見蓼藍作大規模的生產，近年馬芬妹老師、曾啟雄教授、張秀蕙老師及本人皆曾從日本引種試種，試種結果尚稱順利，日本德島縣的蓼藍年可二穫，台灣氣候較德島溫熱，照顧良好年可三穫，料想今後蓼藍在台灣仍有發展空間。

此外，朝鮮半島與日本向來也有不少種植，目前，蓼藍的代表性產地為日本，其中又以四國島的德島縣最為著名，所產之藍向稱「阿波藍」，為日本藍染工藝的主要中心之一。蓼藍之所以被稱為日本藍，主要乃因日本向來非常注重蓼藍產業，同時以蓼藍為原料所發展的藍染工藝也達到了技藝的高峰，在國民普遍重視染織工藝的日本，藍染稱得上為其傳統代表色之一，深受其國人所喜愛。目前日本蓼藍的種植面積雖已縮小很多，而國民日常服裝也並非以蓼藍染成，但其傳統國服－－高級和服之製作，則仍多要求用傳統藍染製作，此外，其藍染工藝皆往精緻產品設計方向

蓼藍開花

發展，相較於往昔，其藍染產量雖然減少，但產品卻仍可維持良好的精緻度。

肆：菘藍（woad）

菘藍為十字花科的二年生植物，具有耐寒的特性，生長於溫帶及寒帶，它有歐洲菘藍（學名：*Isatis tinctoria* L.）與中國菘藍（學名：*Isatis indigotica* Fortune ex Linl.）、蝦夷大青（*Isatis tinctoria* L. var. *yezoensis* OHwi）不同品種之分。歐洲菘藍又稱「歐洲大青」，它原生於地中海沿岸與西亞，後來拓展至歐洲大陸，在木藍尚未輸入歐洲之前，整個歐洲皆使用菘藍染青。中國菘藍又稱「大青」，也稱「北板藍根」，在中國主要產於華北，河北、河南、山東、遼東為主要分布區，江蘇、雲南等地亦可見到。蝦夷大青產於黑龍江、日本北海道及韓國。

菘藍的莖直立，綠色，長大後多分枝，葉自莖部輪生，無柄，葉片大而狹長，主脈鮮明，葉中含靛青素。第二年的五、六月間開花，總狀花序，花色嫩黃，形如油菜，果莢扁平，初為綠色，熟時轉褐色。歐洲菘藍植株較大，高約一米左右，中國菘藍則較矮小，約在30-50公分左右。台灣因氣候條件限制，並不適宜菘藍栽植，過去即無相關栽種記錄，料想今後也難以發展。

菘藍植株

十字花科的中國菘藍老株

第三節：藍靛的製作、色素的還原與染色

壹：藍靛的製作

藍植物（通稱藍草）經過數月的生長，其色素 indican 即集中於葉片中，此時若以手指揉壓葉片，則會產生黃綠色的汁液，經過一兩分鐘之後，這汁液所染的顏色即轉變為深藍色的 indigo，同樣的道理，若將較多的葉片以石臼搗汁，或以果汁機打汁其汁液即可用以染布，這在藍染技法上稱為「生葉染法」，這染

法為藍染較原始性的染法，現仍為部份少數民族所沿用，其染法因濃度有限，染液易於氧化，且採集的原料無法長期保存而無法充分的應用所有的色素，在台灣的原住民中，目前仍有少數染織工作者採用此法染色，其所染藍色多帶綠味。

從人類長年的經驗累積中，人們已逐漸發展出色素的萃取（俗稱製靛）、保存與運送的較佳方法，目前色素的萃取法分為二種，一為堆積發酵法，二為浸泡沈澱法，其目的均為適時地將藍草中的色素提取出來，使它不但可以經年地保存使用，還可減少摻雜大量雜質而便於運輸、配售。

一‧堆積發酵法：堆積發酵法是蓼藍製成「菜」（如製好的茶葉）或「藍玉」（如製好的茶磚）的方法，它的製作過程非常繁複，目前最具代表性的即為日本阿波藍的製造，四國島上的德島縣是阿波

蓼藍堆積發酵的寢床

蓼藍經過加工製作後，便可打包運送至外地

蓼藍經堆積發酵製作完成的染料稱「菜」

藍的主要產地，其製作過程大體如下：

(一) 藍草採割

(二) 切細晾晒

(三) 撿除雜物

(四) 寢床堆積

(五) 灑水發酵

(六) 翻動散熱

(七) 反覆發酵

(八) 晾曬乾燥

(九) 裝袋打包

從蓼藍割取到「菜」的製作完成，大概要耗時一百日，可見其工作的艱辛。台灣因早年並未以蓼藍發展產業，所以在民間也缺乏堆積發酵的製作技術。

二・浸泡沈澱法：浸泡沈澱法為最常見的製靛方法，這主要是因藍植物葉片中的indican是屬於水溶性的色素，它能藉由清水的浸泡而使色素溶解於水中，然後再經過石灰攪拌的過程，使色素與石灰粒子結合成indigo而沈澱，靜置後倒除上層浸泡水後，所得的藍泥即為含色素量多的藍靛。具體做法如下：

(一) 浸泡藍草：採收後的藍草要趁鮮浸泡清水，才能使色素完全溶解在水中，如萎凋之後色素已轉化為不溶性的indigo，即無法被水所溶解。早期的石

台灣早期也使用大木桶浸泡藍草

早期的藍草浸泡池—青礜

砌浸泡池稱「青礐」，木製浸泡桶稱「青桶」，現在可用其他容器浸泡。藍草浸泡的時間因氣溫高低而有很大的差異，浸泡時間不足，則色素無法完全釋出，浸泡過久，則會形成色素焦化而影響色素品質。

（二）撈除枝葉：藍草浸泡完成之後，要將枝葉撈除乾淨，以便進行打靛的工作。

（三）打靛：打靛即是以工具將浸泡水衝擊出浪花，同時邊打邊放入調好的石灰乳，使色素與石灰結合並氧化成靛青素而沈澱，石灰的品質與份量影響藍靛的品質，石灰量過多藍泥的品質會下降，石灰不足則色素無法沈澱，一般量約在3-5%之間。打靛古代皆由多位壯丁手持木耙合力衝擊兩小時而止，目前則改以電動攪拌機替代。

（四）靜置：打靛後要讓色素充分的沈澱，此時浸泡水不宜再晃動，色素才能安靜地沈澱下來。靜置時間約為半天左右，即可進行排水。

（五）排除廢水：藍色素沈澱之後，浸泡水即呈具透明性的茶褐色，它是藍草中的雜色素，皆不具染色價值，所以必

貴州的製靛工人以工具撈除枝葉

傳統的青礐打靛過程

經初步排水後所取得的靛泥

須先將它排除，才能取得藍靛。傳統的青礐都設有引流口，若用一般小桶製作，則僅能分次倒除。

（六）瀝乾：初步排水之後的藍靛呈泥水狀，必須再經日光晾晒或布袋吊掛才能減少含水量，水量太多會佔用儲存空間，若乾燥成粉末狀，在往後進行自然發酵建藍時，會產生還原菌不易培養的

困擾。故藍泥一般皆維持如麵團般的水分為佳。

貳：發酵與還原

如本章第一節所述，藍靛屬於還原性染料，並無法直接調水來染色，必須先設法使色素溶解，並產生還原作用才能具有染著力，因此，還原技術（古稱養藍或建藍）的掌握，就成為藍染的關鍵課題。

一·**發酵還原的條件**：發酵為還原的古稱，藍靛的發酵必須具有以下四個條件：

（一）品質良好的藍泥：藍泥的好壞有兩個指標，一為色素含量的多少與色調好壞，二為藍泥中是否含有多量的還原菌母。藍泥製作不良的話，縱使其他發

傳統的染坊皆使用自然發酵法還原染液

酵條件再好，也無法表現出藍染優美的色質，而藍泥品質的優劣，不但取決於前述製作技術的好壞，同時也取決於藍草的栽種品質。

（二）適當的溫度：溫度的高低也是影響還原的重要條件，溫度過高容易形成過度還原而使染品產生大量染斑，且色彩堅牢度不良，同時也很容易使染液腐敗變質。溫度過低則難以還原，即染液無法產生染著力。自然建藍液溫至少要在 20℃ 以上，而化學建最好在 30-50℃ 之間。

（三）合適的鹼劑：靛青素必須在鹼性的條件下才能溶解，若 pH 值常維持在 10.5 以下，則染液將很容易腐敗而變臭，若 pH 值常保持在 11 左右，即屬恰當。天然鹼劑有稻草灰、木灰、石灰等

常用的天然鹼劑：上為稻草灰、中為木灰、下為石灰

項，化學鹼有碳酸鈉、氫氧化鈉、碳酸氫鈉等項，養藍時可從中擇一兩樣使用即可。

（四）還原劑或還原菌培養劑：化學還原劑為低亞硫酸鈉（俗稱保險粉）。而還原菌培養劑主要為澱粉類及醣類，如麥麩、葡萄糖、蔗糖、白酒等物。

二·還原方法：藍靛的還原有兩種方法：一為傳統的自然發酵法，一為近代發明的化學還原法，現分別說明如下：

（一）自然發酵法：自然發酵法已使用數千年，其發酵作用的產生乃因含鹼性染液中加入營養劑以培養還原菌，當還原菌大量產生時，即可將被鹼劑溶解的靛青素（indigo）轉化為靛白素（white indigo），此時染液的特性得到還原變化，即具有良好的染著力，這是自然發酵法的基本原理。自然發酵法為藍染技藝中的精髓，想要將藍靛養好並非易事，通常連老師傅都不能百分之百的把握，主要乃因養菌的變數很多，稍不留意即會有所變化，況且變化總在深缸中進行而難以察覺。養藍除了要有長時間操作觀摩的經驗外，最好還要先弄通藍色素的變化原理，以智性取代猜測，才可以加快學習的腳步，過去民間各地都有祭祀染缸染神的習俗，多數皆導因於對還原變數的不可理解，近年國內也產生了許多速成的藍染老師，對於藍色素的變化原理未能深入探究，因而過度地誇大其技術難關。養藍工作能做得好，表示對藍靛的特性已能確實掌握，並且對藍染所能呈現的色彩層次也能深切理解。自然發酵的染液能夠養好，不但隨時可以染色，同時也才能夠疊染出深厚

的藍色素質。

　　為了更具體說明自然發酵法的建藍過程，試以一劑配方，詳述養藍過程如下：

1. 準備工具與材料：

A.工具：

80公升染桶	2個	（裝染液與灰水）
水桶	3-4個	（過濾灰水、稀釋藍泥）
水瓢	2個	（掏水）
攪拌棍	長短各1支	（攪拌用）
量秤	1台	（量秤材料）
棉布袋	1只	（過濾灰水）
不鏽鋼鍋	大小各1口	（煮水、煮糖水）
橡膠手套	1付	（稀釋藍泥時戴）
不鏽鋼濾網	1個	（過濾）
瓦斯爐	1座	（加熱）
pH計	1支	（測量酸鹼度）
溫度計	1支	（量液溫）

B.材料：

藍泥	6公斤	（製染液）
砂糖	1公斤	（培養劑）
米酒	1公斤	（培養劑）
小塊棉布	數張	（試染用）

　　2. 製作鹼水：將5公斤的草木灰或稻草灰放入一個染桶中，再以大鍋分次燒80公升的清水至沸騰，水沸後倒入裝灰的染桶中浸泡成灰水，並以長棍攪拌灰水5分鐘以上，使木灰完全浸泡在熱水中，然後再繼續靜置浸泡半小時以上，使灰泥完全沈澱至桶底，然後再以棉布袋過濾上層灰水。

　　3. 溶解糖水：糖為自然建發酵菌的重

用熱開水浸泡草木灰並攪拌以製作鹼水

經稀釋的藍泥用不鏽鋼濾網過濾

將染液與培養劑調和在染缸裡

要營養劑，燒 1 公升的熱水來溶解 500 公克的砂糖，溶解過程中要不停攪拌，溶好的糖水放一旁備用。

4. 稀釋藍泥：將 6 公斤藍泥放進水桶中，先加清水攪拌調和，然後將藍泥用不鏽鋼網過濾，以濾除不要的雜質。

5. 調和染液：將所有稀釋的藍泥倒入另一口染桶中，然後將 50--60℃ 的溫熱灰水倒入染桶中調和，再將糖水調入，最後倒進 500 公克的米酒，快速旋轉攪拌後將染桶罩上蓋子密封 2-3 日。而 pH 值控制在 11-12 之間。

6. 收拾整理：調製染液的工作告一段落之後，即可用洗潔劑清洗各種工具，剩餘的藍靛、砂糖與米酒在後續的照顧期間仍須使用，同時，鹼水桶中可再注入一些清水，以備日後隨時添加之所需。

7. 後續觀察與照顧：染液密封的前兩天先不打開蓋子，第三天下午才打開觀察，若染桶表面出現多量藍中帶紫的泡沫時，表示染液業已發酵還原。若染液顏色呈藍色而一無變化，則表示染液尚

用 pH 測計量測 pH 值

染桶表面出現多量藍紫色泡沫，染液已發酵完成

未還原，必須再添加糖水與米酒，並密封兩三天再作觀察。若顏色僅呈現藍綠，表示染液才開始還原，可以再加少量糖水與米酒，使發酵作用加速。

自然發酵法在染液還原後的照顧工作更加困難，如沒有數年的養藍經驗，實難有敏銳的判斷能力。建藍後，每天晨昏的量測 pH 值與攪拌的工作不可間斷。若pH值低過 10.5 的話，就必須適時補充鹼劑，以維持適當的鹼度，若pH值產生快速的變化，即表示染液產生了變化，必須探究發生的原因，是否溫度有較大的變化？或是鹼液的用量過多？還是染液開始酸化等等，能夠正確判讀染液發生的訊息，才能適時的給予調整。

8. 注意事項：

A.溫度會強烈地影響自然發酵法的穩定性，較理想的室溫約在 25--32℃之間，溫度太低時，還原菌難以培育，溫度太高時，染液易於快速酸化，溫差變化過大時，染液即難穩定。在台灣較理想的養藍季節約在四月到十一月間。

B.染缸及周邊環境要保持乾淨，染桶中切勿掉入不乾淨的東西，尤其以油汙最為忌諱。

C.自然發酵法是以營養劑培養還原菌，營養劑會隨著時間而逐漸消耗，為了保持染液的還原活力，縱然沒有染色，也要定期適當地補充營養劑。

(二) 化學還原法：化學還原法是近代化學還原性染料興起以後，才被轉化使用在藍染上的方法。從前人們為了照顧染缸能持續地發酵，必須耗費大量的時間與心力，才能得到藍色。現在，人們不必再透過養菌的繁複過程，直接以化學還原劑與鹼劑處理，就能在短時間裡將靛青素還原成靛白素，這種使用化學還原劑還原的方法，也稱為快速還原法。化學還原法最常使用的還原劑為俗稱保險粉的低亞硫酸鈉（$Na_2S_2O_4$），它的還原力強大而快速，能使染液快速還原，但還原後的染液也很容易氧化而失去染著力，所以染色必須及時，若染液已經氧化就必須補充還原劑。此外，快速還原的染布也要快速氧化，染後若不能使染布快速舒張開來均勻氧化，就很容易在布上產生大小不一的染斑。

另外，保險粉除了為快速還原劑外，也是一種拔色劑，如果使用量過多，或疊染時間過長，都將使染布顏色不加反減，故其操作應注重合理比例。

保險粉與鹼液對藍靛的還原反應如下：

俗稱保險粉的低亞硫酸鈉為快速還原劑

以化學還原法調製成的染液外觀與自然發酵法幾無差異

$$C_{16}H_{10}N_2O_2 + Na_2S_2O_4 + 2NaOH \rightarrow \quad C_{16}H_{12}N_2O_2 + 2Na_2SO_3$$

靛青素　　　保險粉　　燒鹼　　　　　靛白素　　　亞硫酸鈉

在此以一例說明化學還原法的操作過程如下：

1. 準備材料：即

藍泥：氫氧化鈉：保險粉：水
500公克　25公克　　40公克　10公升

2. 燒煮溫水：用乾淨鍋子煮10公升的清水，煮到40--50℃

3. 稀釋藍泥：以木棍將藍泥充分攪拌，並徐徐加入2公升溫水稀釋，再以濾網過濾，除去雜質。

4. 溶解鹼液：將25公克的氫氧化鈉緩緩倒入500公克的清水中，並充分攪拌溶解。

5. 溶解保險粉：以200cc的溫水溶解25公克的保險粉，並快速拌勻，剩15公克保險粉作為補充備用。

6. 調製儲液：將已溶解的鹼液倒入2公升的藍靛液中，並攪拌均勻，再將已溶解的保險粉液倒入，再拌勻。此濃度甚高的濃縮染液稱為儲液，儲液經過數分鐘後即開始由藍轉綠，再由綠轉黃綠，最後轉至土黃，同時在液面產生許多藍紫色的泡沫，此時儲液即已調製完成。儲液調製完成之後，若不及時染色，必須將儲液密封保存，以免與空氣接觸而氧化。

7. 調製染液：將剩餘的溫水（約7公升）倒入儲液中拌勻，大約經過20--30分鐘即可染色。（染液雖已還原，但讓雜質沈澱後染色效果較佳。）染色過程中，若染液開始變為灰綠或藍色，則表示染液已和空氣接觸多時而氧化，必須再調些保險粉液倒入還原後才能繼續染色。使用溫水調製染液可以加快還原速度，若以常溫的冷水調製也可以產生還原反應，只是反應速度稍緩而已。

參：染色與氧化

將纖維或布料浸沒於染液之中，使纖維與染液中的色素產生結合，稱為染色。在此，我們分別從影響染色的主要因素及染色的操作過程兩方面做理論與實際的探討：

一．影響染色的主要因素：影響染色的因素很多，其中有些已在前文中敘述，此處所探討的主要是針對影響「染色」這一階段的因素為主。

（一）染液的還原狀態：藍靛的色素必須在溶解的狀態下才能被纖維所吸收，而纖維在吸收色素之後，必須再與空氣中的氧產生結合，才能使色素產生定著力，這是藍靛染色最重要的地方，也是還原性染料的特點，因此，染液還原方法即是藍染的主要關鍵。還原方法在前節已經詳述，此處不再贅述。

（二）染液濃度與染色次數：使用藍泥的多少一定會影響染液的濃度，但藍染在開始染色時並不適合使用高濃度染液，因為如此將很容易形成表層的染

傳統染坊都設有濃度不同的多口染缸

色。傳統的藍染染坊都同時使用多口染缸，而各口染缸所投放的藍泥並不相同，因而形成由淡到濃的濃度差異，初染時先在濃度較低的染缸浸染，然後再逐漸往中濃度及高濃度染缸染去，即使是染淺色，也要經過三、四回的複染，染深色多經十多回以上的複染，如此，色素即能漸次加深，不但色彩層次耐看，而且所染的布匹也因色素可以充分滲入纖維而有良好的堅牢度。

（三）染色時間與染色平衡：每次浸染的時間要多久才算恰當呢？一般來說，必須視布料的厚薄而有所差別，布料細薄者染色時間較短，布料厚者時間較長，一般約在 3-15 分鐘即可。如前所

述，藍染應以多次染法複染，逐次加深才恰當，單次浸染的時間過久，卻常常產生色彩不增反減的現象，這是因為藍染容易形成「染色平衡」現象，所謂染色平衡是指染色時纖維吸收染液中的色素，同時染液也溶解了原來已染在纖維上的色素，當吸收與溶解產生平衡時，色素即不再增加，若原本纖維已有相當深度者，則可能愈染愈淺。為了不讓染色平衡現象產生，各次浸染時間即不宜太長。

（四）染色溫度：染色溫度可從液溫與氣溫兩方面來探討，以液溫來說，藍染除了蓼藍有以高溫的煮染方式染色外，一般均以60℃以下的中低溫染色為主，其中尤以常溫染色最為常見，在化學還原法發明以前，常溫染色幾成藍染定律，常溫染俗稱冷染。自然發酵法的常溫要有個範圍，大約要在液溫20℃以上才較適合，液溫太低，發酵必會受阻，因此，在本人考察過的中國西南地區，他們在冬季常用棉被包裹染桶或以火塘餘溫烘烤染桶用以保溫，在中國東南及日本則在埋缸處設有連通的火室，可以燒火保溫，近年也有用電熱加溫的設計，在在都說明維持液溫的重要。以氣溫來說，化學還原法較不受氣溫影響，而自然發酵法就得依靠穩定的氣溫，才能使發酵狀態保持穩定。理想的發酵氣溫約在 25-32℃之間，而染色溫度則可有較大的範圍，也就是在 20℃以上皆可。

（五）被染物的材質：染色前就應決定被染物的材質並作好染前處理工作，染料與材質的關係至為重要，缺乏親和性

染色過程中的晾曬，主要是為了能充分氧化而固色

的材質均難以染著，藍染所使用的材料多為天然性的纖維材質，其中棉、麻兩類為植物性纖維，絲、毛兩類為動物性纖維，這些天然纖維皆可染著，但因纖維特性差異，其染色的效果與要點即有所不同，此外，近代發明的尼龍與木漿纖維也能染色，唯各種素材的吸色率並不一致，關於纖維的質性與染前處理將在第三章再作探討。

(六) 氧化：藍靛為還原性與多次性染料已如前述，還原指的是染液在被吸取時的狀態，而吸取之後的染著固色則必須靠氧化作用來達成，氧化時間過短或氧化不及時，都會影響藍染效果，一般較細薄的布料在通風與日照良好下，每次至少要氧化 15 分鐘以上，若布料較厚，則氧化時間就必須加長，氧化時間可長達半日，但若氧化一日以上，以致產生雜色素焦化在布上的情況亦應避免。氧化不足時，布上容易形成染斑，故染後應速扭乾，並充分舒張後通風氧化。

二‧染色操作過程：

(一) 被染物泡水：為求染色均勻，被染物在浸染之前，最好先泡水數分鐘，讓所有纖維全部溼潤，取出擰乾再抖開

被染物在染前浸泡清水

吊線掛布便於浸染

安置阻隔網

提浸法浸染

後，才將染布掛上吊架或用竹弓（伸子）撐開。

（二）掛布、張布或繞紗：被染物不能成堆成團丟入染桶中浸染，應先縫吊掛線或以竹弓或張布架撐開布匹，如染紗線，則必須先將筒紗繞成絞紗後穿上染棍，才可以進行浸染，以免吸色不勻。

（三）安置阻隔篩網：在已還原的藍染桶中，靛泥、培養劑與灰質皆沈澱在染桶下部，染色時，為了避免將這些雜質攪動上來，必須以篩網阻隔，才能使染液保持乾淨的狀態。篩網可以選擇適當高度與寬度的金屬、塑膠或竹籐製品安

置，才能使染色順利進行。

（四）浸染：藍染浸染法稱提浸法，即染布應懸吊在染液中，浸染時間每回約在 3--15 分鐘為度，刮漿型染的染液濃度應高些，浸染時間不宜太長，才不會影響防染劑的防染效果，其他染法時間可稍長些，但單次浸染太久並無法使染色濃度加深。

（五）氧化：染後的氧化至關重要，氧化前應先把水分盡量擰乾或滴乾，然後張掛在陽光下曝曬氧化，紮染作品若能在氧化過程中以手撥動密褶處，將可使絞紋呈現更好的效果。

被染物置於陽光下曝曬氧化

（六）中和：如所浸染材質為動物性纖維，或還原時添加石灰或較強鹼劑，則染後應將被染物浸泡酸水中和，以保護纖維材質不受鹼劑傷害。酸水可用清水加冰醋酸調製，將其稀釋液調至pH4左右，浸泡時間約在10--15分間，浸酸之後，再行水洗。

（七）水洗：各回染色氧化之後，若能用清水漂洗，將有助於複染時纖維的吸色作用，這主要是因為色素經氧化後，其分子質量皆變大，其中部分附著在纖維表面的色素顆粒會形成染色的阻擋作用，所以應先將這些浮色漂洗除去，疊染才有更好的效果。此外，染後也要徹

染布浸泡酸水以中和鹼劑

用清水漂洗以去除浮色

底清洗，以免往後再洗滌時產生嚴重的掉色現象。

（八）皂煮與晾乾：被染物在充分氧化、水洗之後，最好能進行一次皂煮，以加強染著力並去除藍染中的雜色素，皂煮時以大鍋燒熱水，熱水中加入適量肥皂絲或界面活性劑，然後將被染物投入沸煮兩分鐘，煮後提出水洗晾乾即成。此時，我們將發現煮後的藍色彩度會提高，且所煮的熱水皆呈淺茶色，說明藍靛染液中仍含有部分雜色素存在，這些色素會使色彩變得較灰濁。

染色至此已告一段落，至於複染疊染多少回才算恰當呢？這必須視染液濃度與自己所需的色度作判斷，並無一定不變的標準，不過，藍染的疊染次數太少的話，其色彩牢度即相對的變差。

皂煮可去除雜色素，並可提高色彩牢度

染後晾晒

第三章
藍染的
染纈技藝
探討

染色工藝古稱「染采」，即是將各種具有色彩成分的染料，染著在纖維或布料上。而以各種染色技法達成紋飾圖案的技藝皆稱「染纈」，染纈技藝隨著人類審美意識與造形能力的提升而不斷被發明與改善，到目前已呈現極紛繁多樣的現象。綜合觀之，染纈的要旨皆在處理「染」與「不染」對應產生的圖案展現上，故「染著」與「防染」即成染纈的核心課題。

適合作為藍染表現的染纈技藝固然很多，我們近年從歷史考察與民間田調的經驗中，將它歸為蠟染、型染、紮染、夾染等四類，若再配合俗稱「青布染」的素染基本技藝，概已將藍染各種面向歸納在內。各種染纈技藝不但在使用材料上千差萬別，其技法與呈現的韻味也各具特色，這些流傳數千年的技藝皆是人類智慧的結晶。本章將針對上述各種染纈技藝，就染品特性與製作過程，作進一步的探討。

第一節：纖維材料與染前處理

壹：適合藍染的纖維材料

纖維材料的種類很多，可分為天然纖維與人造纖維兩大類，天然纖維包含礦物纖維、動物纖維與植物纖維三類，人造纖維則包含再生纖維（Regenerated fiber）、半合成纖維（Semi-Synthetic fiber）及合成纖維（Synthetic fiber）三類。藍靛染料為使用數千年的傳統性染料，在人造纖維發明以前，藍靛染料所染的纖維全屬天然纖維中的動物與植物

纖維，人造纖維發明以後，也只有再生纖維與合成纖維中的尼龍可以染著，但因目前天然藍靛的成本很高，藍染工藝的從事者仍以染高經濟價值的天然纖維為主，再生纖維（嫘縈Rayon為代表）與尼龍雖然可用，但在實際使用上並不普遍。

天然的植物纖維又可大別為棉、麻兩類，棉為種毛纖維的總稱，主要為草棉和木棉兩類，用於紡織的棉以草棉為主。而麻的範圍則較寬大，它可說是植物纖維中除了棉類之外的纖維泛稱，包括韌皮纖維、莖桿纖維、葉脈纖維、鞘皮纖維、藤類纖維、竹類纖維、草類纖維、棕櫚纖維等等，其中較常被用來織造衣著布料的為苧麻（Ramie）、亞麻（Linen）、大麻（Hemp）、鐘麻

未經加工的草棉纖維

苧麻纖維為韌皮纖維

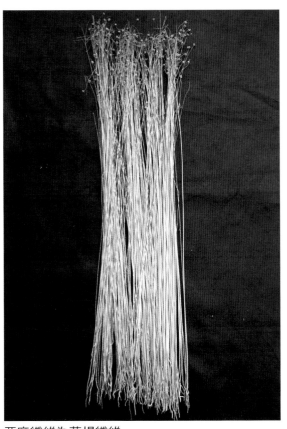

亞麻纖維為莖桿纖維

大麻纖維為韌皮纖維

芭蕉麻為芭蕉莖桿纖維

（Kenaf）、鳳梨麻（Pineapple）、芭蕉麻（Banana）、葛藤（Kudza bean）等纖維。

植物纖維與再生纖維中的木漿纖維的主要成分為纖維素（Cellulose），纖維素中含有大量葡萄糖，而參與染色的官能基是葡萄糖中的-OH基，染著是以這些-OH基與染料分子間的氫結合為主體，所以多數植物性纖維都易於和藍靛色素結合，不過染著主要發生於纖維中非結晶領域中配列較雜亂的纖維素鏈部分，對於結晶較多的纖維，因水分子無法進入結晶體而不具染著力。植物纖維雖皆為纖維素纖維而具有-OH基的染色特性，但染著力的強弱各有差異，主要乃因纖維本身結構特性的差異與纖維處

葛藤纖維為葛藤蔓的韌皮纖維

理的方法不同所產生的現象。

天然的動物纖維主要可分為獸毛纖維、蠶絲纖維和皮革纖維三類，在紡織布料的使用上，以獸毛和蠶絲的用量最大，常見的獸毛有羊毛、山羊毛、安哥拉山羊毛、喀什米爾羊毛、駝羊毛、兔毛、駱駝毛等種，蠶絲則有家蠶絲和野

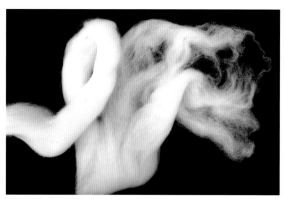

羊毛紡成毛線

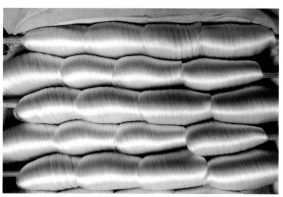

蠶絲纖維為蛋白質纖維

蠶絲之分。這些動物性纖維皆屬於蛋白質纖維，它們之間有許多相同的物性，但因其分子鍵排列構造的不同，因而也產生部分物性的差異。

羊毛等獸毛纖維屬於角質蛋白纖維（Keratin），而蠶絲纖維屬絲心蛋白纖維（Fibroin）。蛋白質纖維是由多種不同的胺基酸所組成，其中末端位的胺基（amino）與翔基（corboxyl）是左右染色性的官能基。組成它的化學元素為碳、氫、氧、氮，羊毛則多了硫。

蛋白質纖維是具有酸性基（-COOH）與鹼性基（-NH2）的兩性物質，所以此纖維與色素的結合力是以對這些極性基的離子結合為主體，因此，它不但可以用酸性染料染著，同時也可以和具鹼性的藍靛染料結合。唯染液中的鹼度不宜過高，且浸染時間不宜過久，才不會造成鹼質對動物纖維的傷害。為了平衡藍染染後在動物纖維中產生的鹼性殘留，染後的泡酸中和處理應不可免。

貳：退漿、精練、漂白

天然染色所使用的被染物多數為棉、麻、絲、毛等天然纖維，這些天然纖維

從原材料到紡成紗線或織成布疋，都必須經過許多處理的程序，才能使它成為可以染色的材料。我們從市面上所購買的各種紗線或布料，有些已經過精練、漂白的處理而呈現均勻潔白的面貌，這些材料，只要再做退漿的處理，就可以用來染色。有些胚布因未經精練、漂白而含有膠質、灰質、油污、糊料、蠟質、色素等雜質，也有些因存放時間過長或受潮而變黃者，就必須再經退漿、精練、漂白的處理，然後才可以用以染色。

一‧退漿：紗線材料在織布之前，為了織造的方便，往往需要上漿處理，而布疋織好之後，在上市之前，為了使布料產生平挺的效果，也多會再行上漿處理，這些附著在纖維上的漿料都會影響染色的效果，所以在染色之前必須進行退漿處理，才可以使纖維與色素順利結合。工藝上主要的方法為用熱水浸泡與清潔劑洗滌。

二‧精練：精練就是去除纖維以外的不純物之處理方法。因纖維材料性質的不同，處理的方法也有分別。棉麻材料可以用布重2--3％的鹼劑當主精練劑，再加布重0.5％左右的界面活性劑當輔助

精練劑，用 1：20--30 的浴比，置於不鏽鋼鍋中煮練一小時，煮時要經常翻動，煮後充分水洗、晾乾而成。對棉麻材料來說，精練同時具有退漿的作用，但退漿卻無法達到精練的功能。

蠶絲的精練主要是為除絲膠，可用布重的 1--2% 肥皂絲作精練劑，煮練時間約為半小時至一小時，煮後必須充分水洗，以免鹼質殘留而影響蠶絲的品質。

毛質料精練主要為脫去油脂，可用布重的2-3%界面活性劑當精練劑，煮練時間約半小時，毛料應在低水溫時入鍋，煮練的溫度也不要過高，以免造成毛料纖維捲縮現象，煮後充分水洗而成。

三‧漂白：漂白是將纖維上殘存的色素分解，使纖維成純白的處理方法。化學上的漂白乃是藉由氧化或還原的作用，使色素產生分解，經漂洗後達成纖維潔白的目的。漂白劑有許多種，家庭式的處理方法以簡便為宜，可以用市面上販售的漂白水，參酌其使用比例浸泡漂白即可，如果漂白效力不夠，可酌量增加其比例。

第二節：蠟染

所謂蠟染就是利用蠟作為防染材料，使得染布同時呈現底色與防染圖案的染色技藝。蠟染的英文叫「batik」，它是由印尼語「anr batik」而來，關於蠟染的起源至今仍有幾種不同說法，有認為起源於印尼爪哇、埃及和中國者，但也有不少人認為它應起源於印度。從新疆民丰出土的兩

中國貴州的苗族蠟染

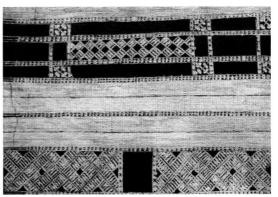

中國貴州的瑤族蠟染

印尼爪哇的蠟染紋樣

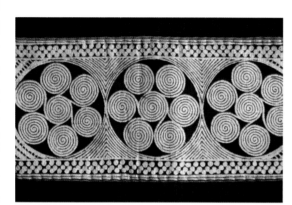

中國貴州的布依族蠟染

中國雲南的彝族蠟染

件藍地白花棉布來說，蠟染在中國至少已有近兩千年的歷史，也堪稱為古老技藝之一。傳統蠟染目前在中國多保留在西南的少數民族之中，其中以苗族、布依族、水族、瑤族、彝族保留最多。苗族的支系紛繁，其中仍有很多支系保留著良好的蠟染技藝。而台灣早期先民似乎並沒有發展蠟染，但近數十年來，由於我國和東南亞國家及中國、日本的交往密切，便很自然地將國外的蠟染技藝引入國內，目前國人製作蠟染的技藝仍以毛筆描繪為主，筒描、模印與蠟刀點繪的很少，學過蠟染的人口不少，但專業於蠟染製作的為數不多，這主要與蠟染技藝的累積不足有很大的關聯。

壹：蠟染原理與染品特性

蠟染在中國古稱「蠟纈」，其原意為「以蠟防染的染色技藝」，也就是說它是利用蠟與水相互排斥的原理，使布帛上受蠟的部位因染液被蠟層阻隔而無法滲入纖維，故能形成以蠟防染而保留底色，其餘未上蠟防染的部位則因染料可順利滲透纖維而受染，染後除去防染之蠟，即形成明顯的深淺對照，圖案效果自然明顯。

就蠟染技藝來說，上蠟、染色、脫蠟實為蠟染製作流程中最主要的三階段。因為蠟具有「受熱溶解」及「冷卻凝固」的特性，所以上蠟前必先熔蠟，故蠟液溫度的調控為上蠟時必須掌握的要點。然而蠟也有不少品種，各自的特性皆有差異，所以蠟質特性的瞭解也是蠟染入門主要功課，此為蠟染第一階段。因著蠟質與上蠟技法的不同，染色時即應在浸染時間、浸染方法上配合，使蠟染呈現特有的良好韻味，此為蠟染製作第二階段。染色之後，再利用加溫的方式，使布上的蠟溶解並順利地排除，以呈現地、圖分明的圖案效果，此為蠟染製作的第三階段。

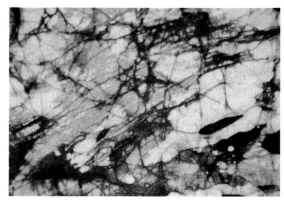

蠟染產生的冰裂紋

蠟染染品之所以不同於其他防染技藝呈現的韻味，主要是因蠟液在熱熔的狀態中，會對布料形成側向與縱深的滲透現象，故其描繪、噴灑、壓印所產生的點、線、面與地之間的交界，就會形成程度不一的滲透暈染效果。加上不同的蠟質又具有不同的黏性與龜裂冰紋特性，使蠟染能呈現很豐富的肌理變化。蠟染同時具有繪畫與版畫般的特性，可以精工細描的單件創作，也可以作模印式的複數性生產。過去蠟染多被用在實用性的工藝產品製作上，但也有少數藝術家致力於蠟畫創作，本人在中國西南少數民族地區考察其民間蠟染技藝多年，深知蠟染工藝的特色與精要，學習者要把蠟染做好，必須花費多年的時間琢磨，不但要熟習蠟染的技術，同時更要鍛練其觀察與描繪造形的能力，才能使作品在形、色、質上都達到良好的表現。

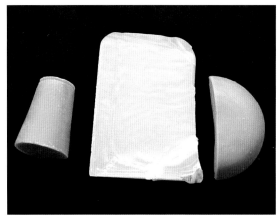

蠟染常用的三種蠟—左為蜜蠟，中為石蠟，右為木蠟

蠟染常用的添加劑—左為松香，右為硬脂酸

貳：蠟染使用的材料與工具

蠟染材料除了纖維布料之外，最主要的即為防染材料--蠟，以及部份蠟中添加的助劑。常用的蠟包括蜜蠟、木蠟和石蠟三種，松香、硬脂酸和牛油則為蠟染常用的添加物。蜜蠟又稱蜂蠟，是以蜜蜂巢熔解並除去雜質而成的天然蠟，未脫色者為黃色，脫色後成白色，它具有良好的黏性，可以描繪出細長的線條而不斷線，也可以製作出大塊面的留白效果。木蠟則取自含蠟植物的樹皮、果實與種子，它的顏色呈黃綠色，為天然的植物性蠟，它的蠟性有點鬆脆，但黏

性不錯，可添加石蠟或蜜蠟使用。石蠟則是石油化學的提煉物，常溫下呈白色半透明狀，它的熔點最低，易龜裂，可製造變化多端的冰裂紋。松香溶解後具有良好的黏性，但乾後即易碎裂，故適當的加入蠟液中，可以幫助產生裂紋。硬脂酸添加在蠟液中，也可以產生細密的裂紋。牛油等動物性油脂可以和蠟質相容，適當的添加，可以提高蠟的防染效果，對細長的線條表現尤有助益。

蠟染工具主要為熔蠟與描蠟之用，工具隨著不同的蠟染種類及不同地區的使用習慣而有不同的種類與形式。現將材料與工具擇要條列如下：

主要工具	用　途
・毛筆	畫蠟線
・毛刷	刷大筆觸
・銅壺筆	畫蠟線
・蠟刀	畫細長線
・印模	印蠟花
・竹弓（伸子）	染布時張布
・繃架	上蠟前張布
・雕刻刀	雕製蠟模
・筆刀	雕刻軟木板
・蠟鍋	熔蠟
・酒精燈或電爐	熔蠟
・軟木	自製印模
・木條	黏貼印模
・鋸子	鋸木條
・美工刀	切割軟木
・強力膠	黏貼軟木

主要材料	用　途
・蜜蠟	黏性最強的蠟
・石蠟	便宜而易龜裂之蠟
・木蠟	易產生細裂紋之蠟
・松香	添加後產生冰紋
・硬脂酸	添加後產生冰紋
・牛油	添加後可提高均勻度
・氫氧化鈉	脫蠟時用

參：蠟染的類型與製作過程

一・蠟染的類型：藍染在蠟染上的技藝分類可大別為筆繪、蠟刀點描、噴灑及模印等四類，現分別說明如下：

（一）筆繪：筆可分為軟筆與硬筆兩類，軟筆類以毛筆和毛刷為主，乃使用動物獸毛（如羊毛或豬鬃）植物纖維（如棕毛）及化學纖維（如塑膠線材）等所製造，它主要運用纖維材料蓬鬆含水的特性作蠟液的沾吸、點畫、塗刷，由它所產生的作品最具繪畫特性，在運筆時產生的輕重、快慢、粗細、轉折、飛白等變化多端，可以表現出高度的藝術特性。硬筆類的工具多以木竹、羽毛管、金屬等硬質材料為主，在低度開發地區常見的竹刀、竹籤、羽毛管、刺蝟毛等皆為硬筆狀材料，至於印尼等東南亞國家常用之銅壺筆亦屬此類。

描蠟工具─左為刺蝟毛，中為竹籤，右為毛筆與毛刷

描蠟工具－左為蠟刀，右為銅壺筆

苗族人使用蠟刀點描製作蠟染圖案

(二) 蠟刀點描：蠟刀是由二片以上的金屬片的疊合而成的描蠟工具，其使用的金屬多為銅片，所以一般即稱它為「蠟刀」。它是中國西南與部分中南半島地區少數民族所慣用的蠟染工具，蠟刀疊合的金屬片愈多，所形成的厚度愈大，就可以畫出較粗的線條，反之，若疊合的金屬只有較薄的兩片，描畫的即如鋼筆般細線，它是運用縫隙儲蠟與金屬持溫的原理，使蠟液往下移動而繪出均勻的長線來。不同族群使用的蠟刀即有差異，但主要為窄扇形與梯形，梯形又有對稱梯形與不對稱梯形之分，其製作重點在與布料接觸的光滑度及接觸面

的傾斜角度變化上。使用蠟刀所描繪的線條最大的特色在於它的均勻度，這當然與蠟溫的穩定性、沾蠟的頻度與蠟刀行走速度的一致性有絕對的關係。

(三) 噴點：點為造形最基本的元素，點的形成固然可以運用各種工具滴點達成，但為數眾多的細密點的形成就得設法處理，少量的製作可以用刷子在金屬網上刷動形成細噴點，數量較多的製作可以藉由噴槍噴點，其重點在維持較高的液溫，勿使噴口凝固而噴不出蠟液。

滴點上蠟產生的效果

(四) 模印：模印就是以各種具有耐熱性的模具作圖案壓印的方法，有的印模是以木頭雕刻成凹凸版來壓印，但木頭遇熱容易開裂，所以使用的情況並不普遍。傳統上運用最普遍的為銅模，印度、印尼、南洋、中南半島各國的傳統蠟染皆使用銅模，它是使用許多高度一致的銅片盤繞點焊而成的，壓印時熱蠟

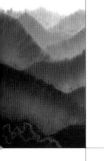

大地之華（續）

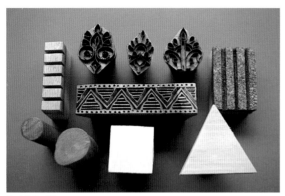

各種印模

印尼使用的銅製印模

液要以較寬大的鍋子盛裝，銅模在熱蠟液中浸泡沾蠟，然後先刮除過多的蠟液，再快速將蠟模壓印在白布上，因銅模具有持溫力，故每回沾蠟後均可壓印數次。除銅模外，軟木片因具有適當的壓印彈性而易於雕刻，所以是較能機動性創作的製模材料。此外，我們還可以收集各種具有耐熱性的現成模型作為模具，它們雖然不一定具有工整的雕刻紋樣，但在現代設計與藝術創作上卻可能產生形象多變的表現效果。

二‧蠟染的製作過程：蠟染的製作過程大約可分構圖、上蠟、染色、脫蠟等四個步驟。

（一）構圖：構圖為任何造形藝術都需具備的能力，構圖好壞影響作品成敗至鉅，不熟悉蠟染特性的人，在作蠟染稿時往往會把陰陽效果顛倒，畫者必須勞記最基本的原則－即描蠟的地方為陽（留底色），未描蠟處為陰（染色），若要製造多層次效果，就必須分次上蠟、分次染色，才能達到豐富的深淺層次。

（二）上蠟：上蠟前必須先以蠟鍋與熱源熔蠟，蠟溫的控制至為重要，蠟溫太

分次上蠟及分次染色產生深淺層次（陳景林作品「國在山河破」）

低時，所描的蠟層僅浮在布面而無法透入纖維，防染效果不足，會產生從背後透染的現象；蠟溫過高時，所描的線條會快速暈滲開來，並產生蠟層太薄的現象，也會使防染效果不完全。較理想的蠟溫一般約控制在110℃左右，此時蠟鍋上會開始冒小小的白煙，這時可以先用小試布試畫，畫後看背後是否透蠟，以便掌握蠟溫效果。上蠟工具已如前述，但第一次使用毛筆、毛刷上蠟前，筆毛必須在蠟初熔時即放進蠟鍋中隨著蠟溫上升而適溫，若毛筆未經適溫而放進高溫的蠟液中，筆毛會立即捲縮成米粉狀，此後即無法回復平順。

（三）染色與氧化：蠟染染色也是以浸染為主，浸染所用的染桶寬度要大於染布的幅寬，否則必須以螺旋狀的吊架吊染，才不會使蠟層因摺疊而斷裂，染色時染布可以輕輕提盪，但不宜劇烈晃動，否則染桶底層的灰質容易浮到上層來。染後進行氧化20--30分鐘，複染前再將染布平放沖水，漂去浮色後再行浸染。

上蠟之後的蠟花版

蠟花片裝上竹弓後，以提浸法染色

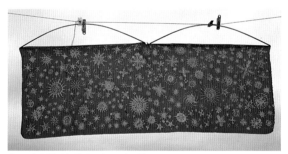

各回浸染後均須充分氧化

脫蠟後即可呈現明顯圖案（馬毓秀作）

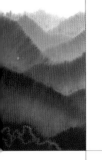

蠟染布以煮沸的熱水加氫氧化鈉脫蠟

（四）脫蠟：染布經過多次複染之後可達適當的深度，在最後一次氧化、水洗之後即可進行脫蠟。過去脫蠟多以染布上下夾數層報紙，再用熨斗熱燙除蠟的方法，雖經多次除蠟，但效果仍難完全，也有人使用煤油溶解除蠟者，其效果雖可完全，但除後滿室臭味令人不快。現在，我們在煮沸的熱水中添加水量的 0.5--1% 的氫氧化鈉，然後將要脫蠟的布放入攪動沸煮，小布約在一兩分鐘即可脫蠟完成，較大的布也不會超過五分鐘。脫蠟時，浴比最好在五十倍以上，並且應邊攪邊撈除浮蠟。脫蠟之後，再以清水漂洗乾淨，洗後若發現還有少量的蠟殘留，可依相同方法再煮一回。煮後可不必另行皂煮，將染布清洗、晾乾、燙平即可。

中國江南目前所製作的藍印花布以實用性布料為主

第三節：型染

型染在中國出現甚早，唐代已頗興盛，當時稱它為「灰纈」。中國學者趙豐說：「灰纈是用澱粉類物質與鹼性物質調成防染劑進行防染印花所得的產品。」也就是過去民間普遍使用石灰與黃豆粉調製防染糊而產生防染圖案的染纈技藝。其後民間多稱它為「刮漿染」，刮漿染主要是以低溫性的藍靛來染色，所染製之布就稱為「藍印花布」。藍印花布過去在中國民間，主要是作為衣料及各種傢飾布之用，在二十世紀初葉之前使用非常普遍，後來隨著洋布大興之後，藍印花布曾有一段面臨停產的時期，近十多年來，在長江下游一帶又有一些中小型作坊開始生產藍印花布，目前他們的製作仍以實用性布料為主。而日本向來

日本型染的製作

把刮漿染納入型染範疇，又因其防染劑皆使用糊料而有稱「糊染」者。日本的型染舉世稱道，其型染除作藍靛染色外，也有許多套色染色者，它不但為重要的染色工藝，而且此項技藝也早已移入表現藝術的範疇。而台灣的型染原本並不發達，作為藝術創作更是罕見，看來，型染要有重大發展仍待大家共同努力。

壹：型染原理與染品特性

一‧型染的原理：型染是使用型版紙雕製鏤空性的圖案造形，然後將型版覆蓋在布上刮印一層防染糊，等防染糊乾後進行染色，染後除去防染糊而得地、圖分明的圖案之染法。型染所用之版稱「型版」，型版皆以具防水性與伏貼性的薄片物雕刻而成，在中國除了過去曾以生牛皮製作外，多數是以貼合數張之桐油紙雕製，而在日本、韓國則以澀柿紙為主。型紙雕刻的圖案要如剪紙般的形成透雕，防染糊要具有黏性與覆蓋性，乾後並具有排水性，才能保護刮印處不被染液滲透而形成防染效果，同時防染糊在染色之後還要能順利被刮除，才能使防染處還原為原布之色。

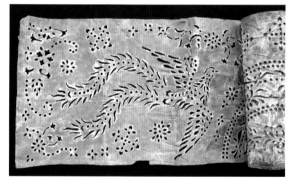

以數張桐油紙貼合後再雕刻成鏤空紋的老型版

雕製完成的型版

刮印陽版形成圖案留白效果

刮印陰版形成背景留白效果

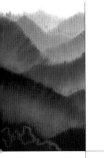

花邊部分為陽版，花鳥部分為陰版的陰陽合版效果（陳景林作）

二‧型染染品特性：型染因有型版的製作，所以它的作品皆可複數性的生產，事實上，我們可以把型染當作版畫中鏤空版（孔版）的一種來看待，所不同的是孔版所刮印的漿料為被覆性的顏料，而型染所刮印的為防染糊之差異爾。若以兩者呈現的效果作比較，顯然刮印之線面與地交界的銳利效果頗為類似；但孔版在感光製版上可以呈現出極細緻的調子變化，這在必須藉筆刀雕版的型染來說就比較難達成，但型染在雕版刀法與沖模的變化上仍存在著創意發展的空間，此外，捺染、浸染、暈染的綜合運用也可以創造型染諸多變化，這在台灣的版畫界仍是個陌生區域，有興趣的朋友應該可以在此多加發揮。

型染版因圖案表現陰陽效果的不同可以分為陽版、陰版與陰陽版三種，所謂陽版就是指型版刻除部位為圖案者，也就是刮印防染漿部位為圖案者；所謂陰版就是指型版保留部位為圖案者，也就

是刮印處為背景，受染處為圖案者。所謂陰陽版就是指一幅作品之中有部分為陰紋表現圖案、有部分為陽紋表現圖案者。初學者若怕混淆，可以先由陽版做起，等陰（受染）、陽（防染）關係弄清晰了再進行陰版與陰陽版的創作。

上過柿汁的型紙—左為洋型紙，右為澀柿紙

日本型染所用的糯米糊

貳：型染使用的材料與工具

型染主要的材料為型版材（簡稱型紙）與防染糊，主要的工具為雕版刀與刮漿工具。型版材多數是以紙張加工而成的，在中國民間，常以數張牛皮紙裱貼成一張卡紙，紙上再上多次桐油，使牛皮紙變為堅韌且具有防水性的型紙。據說二十世紀初仍可見到以生牛皮雕版

者，但近代已不見如此做法。在日本，則以裱貼三張手抄和紙，再上多回澀柿汁，之後再以松煙薰過的澀柿紙為上品，次品則以機械紙上澀柿汁為之，稱為洋型紙，這兩種型紙都具有很好的韌性與伏貼性，皆可製作細緻的型染作品。此外，近代也有人嘗試使用賽璐璐片製版，只要厚度恰當及使用得法，也可以作為替代用品，只是伏貼性較差，刮漿時較不順暢耳。

防染糊的種類較多，製糊的技術也較難掌握，尤其是日本傳統的製糊技術，更存在著諸多變數，必須經多年摸索才能運用自如。中國藍印花布所用的防染糊較單純，它是以石灰粉和黃豆粉所調成。而日本糊的種類較多，最常用的材料為：糯米粉、脫脂米糠、石灰粉、鹽巴等項，製作時要將糯米粉等調水揉練蒸熟，主要是在運用澱粉的黏性與米糠的厚度作防染隔離之用。

雕刻型版所用的雕刀主要為薄刃斜口刀，斜口角度約在 30~40 度間較好運行，市售的筆刀即為銳利的斜口刀，雕刻型紙頗合適，此外，也有圓口、弧口、平口刀可以運用，作皮雕所用的打洞器也可以選擇來使用。刮漿上糊的主要工具為調漿板和刮刀，調漿板可以一尺見方左右的平板為之。刮刀有橡皮刮刀、金屬刮刀與木製刮刀，只要刀口平直完整即可使用，刮刀刀口有長短之分，小件作品及鏤空面積小者使用短刮刀，大作品及鏤空面積大者使用長刮刀，目的是要使所刮糊斜厚薄一致。在此以藍印花布製作時所用的材料、工具表列如下：

主要材料	用　　途
・型紙	雕製型版
・黃豆粉	調防染糊
・石灰粉	調防染糊
・細紗網	補強型版
・油漆	補強紗網用
・松香水	調油漆

主要工具	用　　途
・各型雕刀	雕刻型版
・切割墊	雕刻型版時墊底
・打洞器：自選	雕刻型版
・擂缽	調防染糊
・量秤	秤重量
・篩網	過濾黃豆粉等
・量杯	裝水
・噴霧器	張網時噴水
・羊毛刷	張網時塗漆
・調漿板	刮防染糊之承板
・刮刀	上糊
・保鮮盒	保存防染糊
・紙膠帶	布料定位
・抹布	擦拭
・舊報紙	張網時吸水

參：型染的製作過程

型染的製作過程較繁複，可分為型版設計與製作、調製防染糊、刮印防染

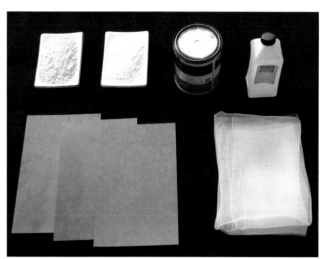

型染主要材料—黃豆粉、石灰、油漆、松香水、型紙、細紗網

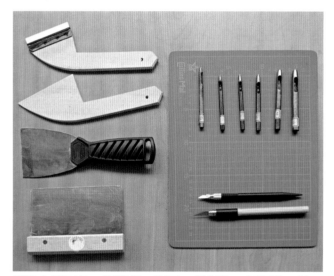

型染主要工具—調漿板、刮刀、切割墊、打洞器、斜口雕刀

型染主要工具—量杯、保鮮盆、研缽、量秤、噴霧器、紙膠帶、抹布、毛刷、濾網、舊報紙

糊、染色、除防染糊等五個階段，每個階段中還可再分出一些步驟，現分別說明如下：

一·型版設計：型版圖稿設計時，應以黑白兩色稿來作地與圖的對比設計，這樣的圖稿在型版的雕刻上即能因位置清晰而不致混淆。因被刮印的布料具有伸縮性，所以型染盡量不要設計多版疊合，否則在對版時會碰到很大困難。在以單塊版為主的設計中，型版上只有刻除或保留的選項，版上各區域必須仔細斟酌，才不會形成斷版或掉版的現象。型版所產生的圖案可分為陽紋、陰紋、陰陽紋三類。大體來說，圖的面積多數小於地的面積，如此圖的形象較易清楚呈現。

二·型版雕製：將設計好的黑白稿浮貼或轉寫在型紙上，然後在型紙下方襯墊一塊切割板即可開始雕刻，雕刻型版主要以斜口筆刀為主，筆刀刀刃以小而尖銳的較便於方向的運轉，當刀刃鈍了之後必須替換，否則很容易使型紙產生毛邊而致圖案模糊。在刻尖細夾角圖形時，應下刀在最小的夾角處，然後才緩緩拉出，否則很容易因狹路難以控制而切斷了型版細部。此外，如使用打洞器或圓口刀時，盡量一次打斷，才不致形成重複敲打而弄糊了造形。型版刻好之後最好先將它放在一張白紙上，就能清晰地查看圖案是否雕刻得完整。圖案

以黑白稿製作型版設計圖

用報紙吸乾型紙上的水分

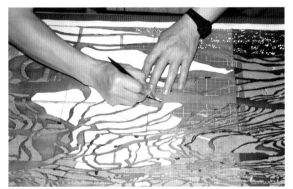
以斜口刀雕刻型版

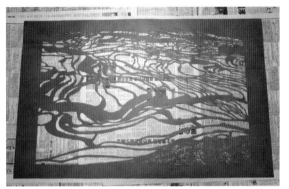
型紙平放於乾淨報紙上，其上再放細紗網

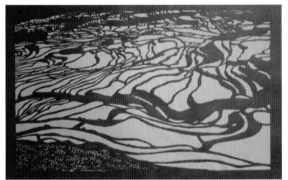
雕刻完成之型版

調油漆

刻好之後，必須判斷此版是否需要張紗補強，如果型版上雕除的部分較少，同時鏤空處沒有形成較大較長的連通區域，且整版結構仍很完整，那麼此版即免張紗，反之，若雕除區域較大，或鏤空之連通區域較長，以致結構力薄弱者，就必須張紗補強，才能使型版在刮印時不致形成漏漿出血的現象。

　三・張紗補強：張紗過程繁複，必須

按部就班，才能張貼完善，其處理過程如下：

　（一）型版平浸水中兩小時，使型紙充分吸水。

　（二）取出型紙，並以數張報紙對夾，將表面水分吸乾。

　（三）桌面墊數層報紙，型紙平放其上。

　（四）裁切紗網，尺寸稍大於型紙，並將它燙平，然後平鋪於型紙上，再將紗

用噴霧器噴水

兩面塗漆後可用乾淨抹布擦去多餘油漆

用羊毛刷塗刷油漆

型紙乾後再修去多餘紗網即完成張網工作

用另支乾毛刷輕拍型紙，並沾除多餘油漆

目對齊、抹平。

（五）用松香水調稀油漆，比例大約為 3：1。

（六）用噴霧器在紗網與型紙上噴水，使紗網與型紙完全密合。

（七）於紗網上覆蓋報紙，將紗網與型紙上的水分吸除。

（八）用羊毛刷在紗網上輕輕塗刷油漆，油漆塗滿後將型版輕輕提起，然後換上乾淨的報紙。

（九）取另支乾淨的羊毛刷，輕輕拍打型版，使紗網與型版完全密合，同時沾除版上多餘的油漆。

（十）張紗的正面處理好後，半乾時翻背面，再以油漆平塗背面，然後用報紙吸去背面多餘油漆後再轉回正面，並仔細檢查紗網是否完全黏貼在型版上，若有疏忽處，再作局部補強。

（十一）放乾後上下夾上報紙，報紙上以平板壓住，板上再平均放些稍重之物壓平。

（十二）型紙完全乾燥後將報紙拿開，修去多餘紗網即完成張紗補強的工作。

四‧調製防染糊：防染糊分中國式防染糊與日本式防染糊兩種，在此以中國式防染糊為例說明如下：

分別過濾黃豆粉與石灰粉

秤適量黃豆粉與石灰粉拌勻

徐徐加入清水，將糊調成泥團狀

1. 分別過濾黃豆粉和石灰粉，將較粗的顆粒除去，並量秤相等分量。

2. 將兩者等量放進調缽中拌勻。

3. 徐徐加入清水並用力攪拌，將它調至泥團狀，只比陶土稍軟一點，水分不可太多，以噴霧器噴水較好控制水量，調好之糊具有良好的黏性。

4. 若無法判斷防染糊的水分時，可用刮刀在調漿板上試刮，以能順利將防染糊刮平為原則。調好後將糊裝進保鮮盒中蓋上備用，以免表面失水變硬。

調好的糊料可在調漿板上試刮，以掌握其濃稠度

五‧染布定位：刮漿上糊前，染布必須平襯穩定地暫時固定在完全平坦的桌面上，刮漿的操作才能順暢，染布可以先用電熨斗燙平，然後再以紙膠帶貼邊固定。

六‧刮漿上糊：刮漿時要準備調漿板、刮刀、紙膠帶、粉土、大水盤、報紙等物，製作過程如下：

（一）型版泡水：將型版紙放在大水盤中泡水兩小時，使型紙充分吸水，泡好後取出，兩面夾報紙吸乾表面水分。

（二）型版定位：將型版與染布的相關位置用粉土標示，如型版為連續性圖案

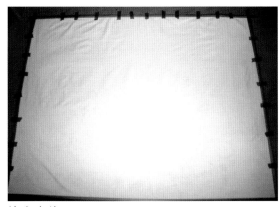
染布定位

型版定位

而必須接版時，也要將接版位置標示在染布上。定位好後，再以紙膠帶黏貼固定。

（三）刮漿上糊：取適量已調好的防染糊置於調漿板上，再以大小合適的刮刀將防染糊刮到型紙上，初步刮漿以貼合型版為目的，故先從中間刮起，然後較平均地分散至各處，之後才依序刮滿全幅。刮刀面與型紙約成45度角，刮漿的力道與速度盡量一致，上糊的厚薄力求均勻。

（四）揭版：刮漿完成後應立即將型版揭開，揭版時先輕壓一邊，再從正對的另一邊將版提起，提版的動作要平穩，切勿左右晃動而產生糊與版的摩擦。揭版後即置於室內等待陰乾後再行染色。

（五）陰乾：上糊完成之後先不將染布揭下，等它自然陰乾之後才取下染布進行染色，陰乾處不要有陽光直射，也不要用熱風機吹乾，以免乾固過快而產生防染糊龜裂。

（六）洗版：刮印過的型版必須立即泡在大水盤裡，將版上殘留的防染糊泡軟，然後再以羊毛刷輕輕刷洗乾淨，洗後將型版擦乾並妥為保存，以後仍可繼續刮印。

七‧染色：浸染藍靛之法如同蠟染一般，染布不能揉壓摺疊。染液的濃度最好高些，每回浸染染布約五至十分鐘，染後晾曬氧化。經多次複染、氧化即可達到適當的深度。

八‧除漿、清洗：染色、氧化完成之後進行除漿，黃豆糊防染的染布在中國南通是以乾刮法除漿，如此偶有傷布之險，個人經驗是先泡冷水半小時，再用

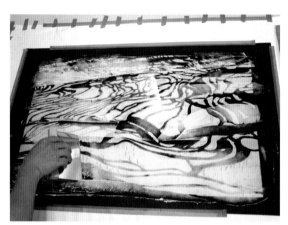

刮漿上糊

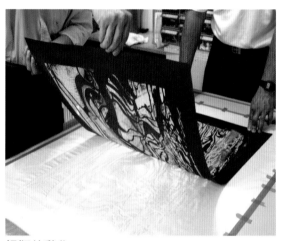

揭版的動作

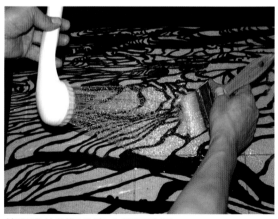

使用過的型版先泡水後再洗版

沸水燙一兩分鐘，取出後即可用薄板輕易刮除。除漿之後染布必須水洗乾淨，以免鹼劑殘留而影響布質。

除漿以後的完成作品「梯田」（陳景林作）

第四節：紮染

　　紮染古稱「絞纈」或「紮纈」，亦稱「撮
纈」、「髆纈」，如今多以「紮染」或「絞
染」統稱之。它在中國起源甚早，魏晉
南北朝時已有生產，隋唐時期較為流
行，多作婦女衣裙。唐劉存《事始》引
《實錄》：「陳時宮中尚短袖窄小衫子，
才用八尺物為衫，顏色不一，隋文帝用
一丈物為之，即今有印髆纈衫子。」再
對照如今已出土的撮暈纈、魚子纈、醉
眼纈、方勝纈、團宮纈等唐代染物名
目，即可證明唐代紮染工藝的興盛，此
後各代，紮染依然在民間流傳不斷，民
國以來，民間紮染式微，近年紮染又有
複甦跡象，其中尤以雲南、貴州等少數

民族地區的藍染紮染最受矚目。

　　紮染的技法眾多，製作的難度不高，
可自由發揮的空間較大，如能熟悉其基
本原理與技法，相信對於藍染的創作必
有相當助益。本節擬以個人實作經驗，
探討紮染的特性與製作要點。

雲南的紮染紋樣

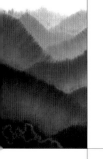

壹：紮染原理與染品特性

一・紮染原理：紮染是以綁紮、縫絞、打結等外力擠壓染布局部，使得被壓縮處形成緊縮而產生防染的作用，等染色完成之後，再將被壓縮的部位拆解開來，即可產生色彩的深淺變化效果。

從染纈形成的原理來看，蠟染與型染紋樣的產生有其類似性，皆以具有防染力的防染劑作「黏著覆蓋」而留下不著色的部位；而紮染則以具有壓縮力的防染物作「堆疊擠壓」而留下不著色的部位，這主要是因纖維布料本身皆具有適當的彈性，當它被外力擠壓之後，即因本身密度過大而無法讓染液充分流動。在染色之前，我們將紮好紋樣的染布先浸泡清水，使原本被壓縮的部位先被清水的水分子所佔領，其後具有色素的染液將

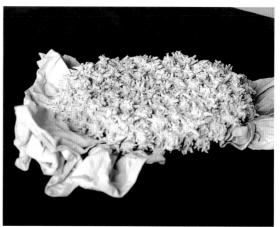

布料經紮花之後所產生的堆疊擠壓現象

無法再進入被壓縮的部位，而壓縮力稍弱的部位也因染液流動量少而形成漸層式的深淺變化。因此，壓縮區域的規劃、壓縮力的大小變化、壓縮技法與壓縮特性就成為紮染製作的主要課題。

二・紮染染品特性：紮染既然是因壓縮力與染液的滲透力之間所形成的效

陳景林以紮染技法創作的山水作品「莊嚴」

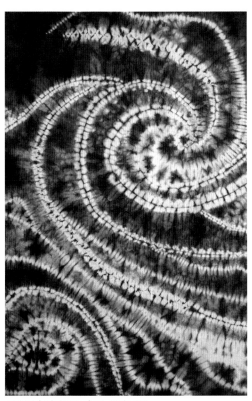

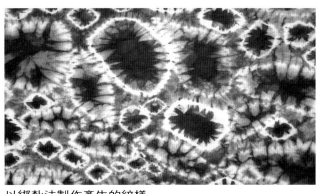

以綁紮法製作產生的紋樣

以縫絞法製作產生的紋樣

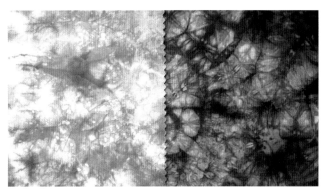

以打結法製作產生的紋樣

果，必然具有人為設計與自然變化的綜合韻味，就人為設計來說，技藝的選擇與造形規畫是我們思考的重點；就自然變化來說，材料與染液的適性及壓縮力與吸色力間的關係是我們觀察與運用的關鍵。紮染品具有變化多端的特性，它可以隨著基本觀念的導引而產生諸多的造形可能性，也就是說紮染存在著較多隨機發現的特性。

紮染染品因防染壓縮力的強弱而產生了諸多渲染的變化，從染品的效果來說，它比較像水墨畫的特性，尤其在色彩的層次表現上，紮染難有銳利的色面交界與乾澀的質感表現，水氣淋漓的迷濛暈染是它獨具的特色，從各種紮染染品中，我們都可以感受到一股渾然天成的自然意趣。

貳：紮染類型與製作技法

紮染的技法眾多，有以繩線綑綁而稱「綁染」者，有以縮縐扭絞而稱「絞染」者，有以針線縫抽而稱「縫染」者，有以針車車縫而稱「車縫染」者，有以打結防染而稱「結子染」者，其名稱之多，不一而足。綜合來說，大體是以「縫」、「絞」、「紮」、「捲」、「抽」、「壓」、「綁」、「繞」、「結」等技藝施作，在此我們可再歸納為「縫絞法」、「綁紮法」與「打結法」三類，縫絞法主要是以針線穿縫抽拉而形成防染效果，綁紮法主要是以繩線纏繞綑綁產生防染效果，打結法主要是以布料扭轉圈繞產生壓縮防染的效果，技法雖然互異，但施力擠壓而產生防染的道理是一致的。

參：紮染使用的材料與工具

紮染使用的材料與工具可隨個人的技藝需求而有較多選擇的可能，以下僅以基本常用的項目條列如下：

主要材料	用　　途
・縫衣線	縫紮
・綑綁線	綑綁纏繞
・塑膠帶	綑綁纏繞
・粉土	畫線
・橡皮筋	綑綁
・塑膠袋	包覆防染

紮染主要材料—縫衣線、綑綁線、塑膠帶、粉土、消失筆、橡皮筋、塑膠袋

主要工具	用　　途
・縫衣針	縫線
・頂針	推針防護
・圓木棒	絞紋
・塑膠管	絞紋
・繞線管	纏繞抽拉
・協力套	拉布
・絞紋鉤	鉤布
・剪刀	剪線
・拆線刀	拆線
・小石子	綁花
・圓規	設計圖案
・直尺	設計圖案
・免洗筷	夾細線
・電熨斗	燙平
・橡膠手套	染色

紮染主要工具—絞紋鉤、協力套、繞線管、頂針、縫衣針、拆線刀、剪刀、小石子

紮染主要工具—免洗筷、電熨斗、橡膠手套、圓規、直尺、圓木棒、塑膠管、不鏽鋼管

肆：紮染的製作過程

紮染的製作過程可分為構圖設計、疊布、紮花絞花、染布浸水、染色、拆卸與整理等主要步驟，以下針對這些步驟再作探討：

一・構圖設計：由紮染所形成的圖案較容易表現寫意的特性，而較難表現精細的寫實風格，因此，在構圖設計的時候，就應避開繁瑣的枝節而著重主要線條與動勢。作者應先備好設計稿，然後依設計稿的放大比例準備染布，再將圖稿的輪廓用粉土或消失筆描繪在染布上。

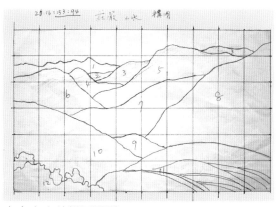

寫意山水的構圖設計

二・摺布：並非所有的紮染都必須經過摺布的過程。摺布主要是對於圖案本身為對稱性結構或圖案可以形成連續性的構圖者，透過摺布的方法，可以產生對稱完整或複數連續的圖案效果。但摺布的層數不可過多，以免產生圖案模糊現象。摺布以徒手摺疊為主，也可以用粉土、圓規、直尺等工具量測定位，最好還要用電熨斗將摺線燙平，才能使所摺疊的圖案造形更規整。

先摺布再縫紮，可產生對稱性的圖案

三・紮花絞花：紮花絞花是紮染最關鍵的階段，這階段中最常使用的材料除了布料以外，即為縫衣線、綑綁線與塑膠帶等具有良好拉力的線材，線材主要作為穿縫與綁紮之用，它在紮染中難以被他物取代。在工具方面，縫衣針與頂針為穿縫圖案時所用；協力套如自己的第三隻手，可以將布拉直固定位置；絞紋鈎可以挑鈎小局部，使綁紮細紋容易進行；繞線管纏繞綁線，便於綁紮時使力；橡皮筋也可以用來圈綁圖案，但不可超越彈性範圍，以免斷線；圓木棒、塑膠管、免洗筷等物皆為絞花、綁花的協助工具，此外，小石子、黃豆、棉

縫衣針與頂針的運用

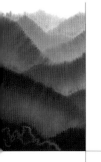

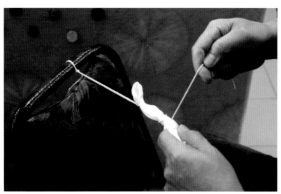

協力套的用法

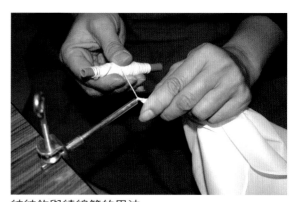

絞紋鉤與繞線管的用法

不鏽鋼管與塑膠管的用法

小石子等填塞物的用法

花、保麗龍球…等等東西，只要可以被包覆、綑綁、填塞之物，都可以作為紮花的道具。

紮花絞花時最重要的是注意繩線的拉力與打結的牢固，如前所述，紮染主要的防染力來自擠壓，因此，如何用力擠

染色前染布先浸清水

壓與如何將被擠壓的絞紋綑綁固定，就成為此階段的技術重心。

四・染布浸水：完成紮花絞花之後，必須先將染布浸泡清水三分鐘以上才能染色，這個簡單的步驟疏忽不得，它會使我們縫紮留白的部位產生較好的層次效果，這就是先前在紮染原理所說的「被壓縮部位先被清水的水分子所佔領，其後具有色素的染液將無法再進入…」的道理，如果忽略了浸泡清水，紮花留白的部位將可能被染液所浸入。

五・染色：染色前先將浸過清水的染布擰乾，再移進染桶中浸染藍靛染液，紮染染色不同於蠟染、型染的地方在於蠟染與型染在染色時不可揉壓與褶疊，而紮染正好相反，多數必須藉著手的揉

紮染布在染桶中浸染，應適當地以手揉壓。

壓，使原本被壓縮而成縐褶的部位也能有部分的染液進出，才不致形成大量的留白而缺乏層次變化。因此，在實際的操作上，我們會戴上橡膠手套，然後將雙手伸進染液裡揉捏染布，染布在一壓一鬆的操作下，染液才有可能進出褶縫中，然而，若是綁絞鬆馳，或染時過度的擠壓，也有可能產生紮線鬆脫或染液完全滲透的情形，所以揉捏必須掌握適當的分寸。每回染色時間大約在5～15分鐘即可，擰乾後進行20分鐘的氧化，氧化中最好能用手將一些褶疊處適當的撥開，使它產生氧化固色，如果沒有撥動，拆開後可能會看到不少染斑，它是因色素染後不能完全氧化所形成的。

六‧拆線整理：染色完成後，才將所有縫紮綑綁的繩線拆解開來，拆線時最好使用拆線刀，以免傷了布料，拆後拉襯染布，再氧化二十分鐘以上，才能使原本被包覆的區域充分氧化固色。氧化後再進行水洗、皂煮與晾乾而成。

第五節：夾染

夾染古稱「夾纈」、「袷纈」或「夾結」，它是以對稱性的夾版夾具夾布防染而呈現圖案的染纈技藝。夾纈之名始見於唐代，白居易在《玩半開花贈皇甫郎中》詩云：「成都新夾纈，梁漢碎燕脂。」由此可知夾纈至少在唐代已普遍應用在民間。其實夾纈的起源應該更早，劉存《事始》引《二儀實錄》載：「夾纈秦漢始有之。」在五代馬縞《中華古今注》云：「隋大業中，煬帝制五色夾纈花羅裙，以賜宮人及百僚母妻。」說明隋煬

以拆線刀拆線

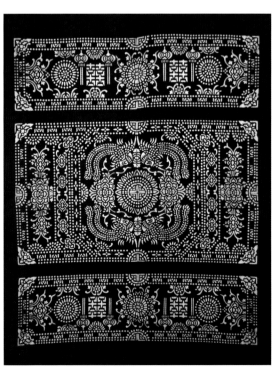

中國浙江的傳統夾纈紋樣

帝以它作為禮品之用，且所製作者乃五色套染夾纈，製作難度甚大。另宋代王讜《唐語林》有云：「玄宗時，柳婕妤有才學，上甚重之，婕妤妹適趙氏，性巧慧，因使工鏤板為雜花之象而為夾纈，因婕妤生日，獻王皇后一匹，上見而賞之，因敕宮中依樣製之，當時甚祕，後漸出，遍于天下，乃為至賤所服。」此處說明唐代以前雖也有夾纈製作，卻沒有在民間廣為流通，所以一般學者均認為夾纈在唐代以後才廣為運用，這當然

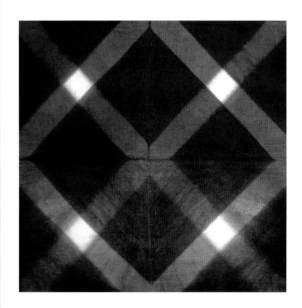

現代夾染作品

與文獻記載及出土文物較多有關。

唐代以後，夾纈在中國民間流傳，但北宋曾有禁止民間生產夾纈的禁令，南宋解除禁令，民間復能生產。目前民間作坊多已消失，傳統的夾纈技藝僅在浙江溫州才能見到，現僅剩蒼南縣一家勉力維持，本人于1999年曾前往考察，瞭解傳統夾纈面臨斷絕的關鍵所在，它不僅因夾纈雕版困難而後繼無人，同時也因圖案造形受到較大的限制而難以因應時代需求有關。雖然傳統的夾纈有很多造形上的限制，但以夾板夾出圖案的觀念與技法卻仍有發展的空間，只是要將此造形限制較多的技藝作表現性藝術創作，可能必須在設計上有所抉擇，日本染色工藝中有稱「板締染」者，即是以各種夾板夾染圖案，其造形上多傾向幾何化。以下將以夾染技藝作進一步探討：

壹：夾染原理與染品特性

一‧夾染原理：夾染與紮染具有類似的特性，均是由擠壓而形成防染效果，紮染紋樣以穿縫、綑紮、打結而產生，而夾染紋則因夾版的雕紋造形而形成，嚴格說來，夾染紋即是夾版的壓印印痕，只是一般印痕皆具顏色，而夾染所夾之處為留白的痕跡。瞭解夾染原理後，即可明白夾具的紋樣設計與壓夾的方法即為夾染的技藝重點。

二‧夾染染品特性：夾染染品具有下列特性：

(一)複數生產的特性：若不為複數生產目的製作夾版，其實是沒有太大的必要，因為夾版製作費時頗多，做夾版必

夾染因褶疊布層而容易形成對稱性圖案

夾染圖案外緣會產生細微的暈滲效果

外緣有少許暈滲現象而型染則無，這小暈滲的形成乃因夾版對夾時，居兩版中間的染布因有些許厚度而讓染液能從側邊滲透產生的現象。

貳：夾版夾具的製作與夾染過程

一‧夾版、夾具的製作：1999 年夏天，我和內人及友人前往浙南蒼南縣考察夾纈這古老的民間技藝，在宜山鎮的兩個村子中見到幾套夾纈版，同時也看

定是為較大量的生產才符合成本。

（二）圖案常呈對稱結構的特性：傳統夾纈為了節約雕刻夾版所花費的人力，多將圖案雕刻半邊，而後在疊版夾布的過程中將布對褶，褶邊正好與版的一側切齊而上夾，染後張開褶布，即成一組對稱性的圖案。現代夾染雖未必全以對稱圖案設計，但仍有許多對稱者。

（三）夾染染紋明暗差距很大，多數缺少中間層次：因為夾版圖案在雕製時非陰即陽，浸染時即呈染著或防染之異，較難處理「漸層」的情況，所以就少有中間層次的產生，如果要設計中間層次，必得運用「移位染色」或「套用不同型版」的方法才能達成。

（四）夾染紋樣的外緣細看時可發現有細微的暈滲效果：夾染品與型染品乍看之下非常相似，但細看即可發現在夾染

成套的傳統夾纈版

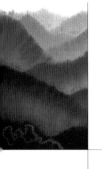

溫州蒼南縣的夾纈大被單

到唯一的作坊的操作情形：傳統夾纈版皆以一寸厚左右的硬木雕刻，型版雕法有透雕和浮雕之分，透雕乃為套色時分區注染之所需，而浮雕則為單色藍染的主要雕法，浙南一組「敲花被」（夾染被單）夾纈版共十七塊，十七塊版疊合後，以夾具夾緊而吊入染缸中浸染。其中最上與最下兩塊為單面雕，其餘十五塊版為雙面雕，十七塊版相疊形成十六個夾口，這十六個夾口可夾出十六組圖

現代夾染以不同的夾版產生不同的夾紋變化

也可採用橡皮筋、繩線與C型夾等物替代，將夾具與夾版適當的改變，夾染在現代才有普及發展的可能。

二‧夾染過程：夾染過程可分為浸布、摺布、疊版、染色、卸版、晾晒等步驟，在此仍以蒼南夾纈製作為例，分項說明其步驟過程：

案，而十六組圖案正好可以縫製一床大被單。藍染夾版所有圖案都以浮雕法雕成，夾口相對的兩面圖案必須能對應密合，亦即圖形相同而左右方向相反的兩片版才能完全對應，浮雕凸者為陽，亦即使圖案留白處；凹者為陰，亦即染料浸染處，染液必須藉著夾版側面的開孔，才能流入雕凹的溝槽中，進而對未壓夾處產生染著的效果。版上可見得的低凹水道稱「明渠」，而側向不可見的側孔稱「暗溝」，明渠可以蓄積染液而染色，暗溝則能將圖案中具有封閉造形的部位產生「導流」的作用。傳統夾纈版的製作在選材與雕版上都甚講究，大概也由於製版工藝較難，所以並無法如型染般的普及。

現代夾染可適當跳脫傳統夾纈版的製作技術而另謀他法，如以不鏽鋼板、亞克力板、強化塑膠板等材料，以及各式木條皆可形成不同的造形效果，而夾具

（一）浸布：疊布之前先將染布浸透，如此染色時夾口內的染布就不會再形成毛吸管現象，才可以將壓夾的圖案表現得更清晰明白。

染布充分浸水後褶疊備用

（二）摺布：夾染染布多在兩層以上才易夾緊，故夾纈多先摺布，染布即可形成對稱或連續性圖案，疊版前應依所需層數摺布，摺布之後即可疊版，以免散亂。

疊版對位

成組夾版以夾具壓夾

（三）疊版：疊版即將染布與夾版對位堆疊與壓夾。疊版的難易受夾版的大小與版數多少所影響，夾版愈多愈大，疊版愈難準確，必要時可先以粉土在布上畫記，疊版才不會歪斜。疊版後可以先用橡皮筋或繩線暫時固定，等大體就位後再加強綑綁壓力，才不會形成錯位的現象。

（四）染色：夾染因有成組的夾版與夾具，所以容易形成較大的體積，染色時必須將整組夾版懸吊在染液中，以免沈入桶底而沾染雜質。每回浸染 5-15分鐘之後，要將整組夾版吊起滴水，同時讓染布氧化，如此反覆染至所要深度為止。

（五）卸版晾晒：染色完成之後即可卸版，卸版後的染布至少應再經20分鐘以上的氧化才能進行水洗，水洗之後再經浸酸中和、皂煮、晾乾即算完成。

現代夾染在台灣較缺乏基礎，製作流程較不講究，我們可從傳統夾纈技藝中得到啟發，隨著夾版、夾具的改善，應該還可以創造許多的可能性。

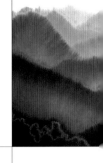

滴水氧化

吊染浸染與提出滴水氧化

卸版晾晒氧化

水澤　　　　　　　　　絣染　　　　　　　　　2004　　　　　　　　　陳景林

- 凡藍五種，皆可為澱，茶藍即菘藍，插根活，蓼藍、馬
藍、吳藍等皆撒子生。近又出蓼藍小葉者，俗名莧藍，種
更佳……

——《天工開物》

- 菁子，種之以作菁靛，漳泉皆有，產于台者尤佳，菁靛可
以作染。

——《台灣府志》

- 小藍莖赤，葉綠而小，秋月煮熟染衣，止用小藍是也。

——《群芳譜》

■下篇：植物染色

第四章
染材與試樣

大地之華（續）

【 李 】

學　名：*Prunus salicina* Lindly
科屬名：薔薇科櫻屬
別　名：李子

本土分布：台灣中北部 800 公尺至 1700 公尺左右的山區較多，栽培面積以南投縣最多，苗栗次之，花蓮第三。

世界分布：原產於中國大陸及中東，目前遍及歐洲、美國及亞洲多數國家。

用　　途：李子為著名水果，亦可加工成蜜餞，枝幹可染色。

染色取材：幹材及樹皮

植物生態：

　　李為多年生落葉性小喬木，樹冠圓形，枝幹灰褐色，小枝光滑無毛，粗細均勻。葉為長橢圓狀倒卵形或橢圓狀倒卵形，先端突尖，基部楔形，邊緣為二重鈍鋸齒緣，葉柄具數個腺體。花白色，一般為三朵一叢。果為球形，果皮有紅色、黃色、黃綠色等，外皮光滑，常被白粉，果肉可食，內藏種子一粒。

李子樹開花遠看如梅花

李子開花時也開始冒新芽

文獻集解：

李不但是我們常見的果樹，也是優美的觀景樹，它的栽培為時久遠，在周朝即為重要農作，《詩經》上有「丘中有李，彼留之子。彼留之子，貽我佩玖。」、「何彼穠矣，華如桃李」、「南山有杞，北山有李」、「投我以桃，報之以李」等記述。

李子結果

唐代白居易在《長恨歌》中有「春風桃李花開日，秋雨梧桐葉落時」之名句；張九齡有「洞門高閣靄餘暉，桃李陰陰柳絮飛」的疏蕭之境。韓愈有「江陵城西二月尾，花不見桃唯見李」，的季候描摹，皆可顯示李在古代栽種的普遍。

李時珍在《本草綱目》上記曰：「李綠葉白花，樹能耐久，其種近百，其子大者如杯如卵，小者如彈如櫻，其味有甘、酸、苦、澀數種，其色有青、綠、紫、朱、黃、赤、縹、綺、胭脂、青皮、紫灰之殊，其形有牛心、馬肝、奈李、杏李、水李、離核、合核、無核、匾縫之異，其產有武陵、防陵諸李，早則麥李，御李，四月熟，遲者晚李、冬李，十月十一月熟，又有季春李，冬花春實也……」將李子的種類與形態描述得很深入。果實在醫藥的主治為「曝食去痼熱，調中，去骨節間勞熱，肝病宜食之。」

丘應模所著的《台灣的水果》一書中記載著李的品種為「大紅肉李、二紅肉李、杏葉李、珍珠李、黑花螺李、花螺李、紅肉內李、平蒂李、黃柑李、沙蓮李、桃接李、臙脂李，其中鮮食最好的品種是黃柑李、紅肉內李和臙脂李。最適加工品種有花螺李、黑花螺李、大紅肉李等。」

各文獻中並未見用以染色者，我們因曾試染過同為薔薇科櫻屬的山櫻花、杏、桃、梅等植物，且都有不錯的染色效果，才會再將李列為研究項目，試染之後，對櫻屬植物的發色狀況已有基本的瞭解。

熬煮前先將枝幹切細或刨成薄片

李樹幹材

染色記事：

　　我的出生地水里山區出產李子，我唸小學時，班上幾位遠路的同學常帶李子來學校請同學吃，李子有很多不同的品種，有小而酸的土李子、有稍大點的水李子、有色黃味甜的黃柑李、有紅得發紫的紅肉李等等。吃紅肉李時，一不小心就會將它那鮮紅的汁液滴在白襯衫上，雖然那沾污的顏色會慢慢地消褪，但許多同學那白衣襟染紅的印象卻深深地印在腦中。

　　會以李子試染，其實是因童年的回憶而起，李子適當修枝後結果率更高，其所修剪的幹材枝條切細後，皆可利用。其染色方法如下：

1. 採集李子的幹材，並以柴刀將它削成薄片，加入適量清水，於不鏽鋼鍋中煎煮萃取色素，萃取時間為水沸後二小時，共萃取兩回。

2. 萃取後的染液經細網過濾後，調和在一起作染浴。

3. 被染物先浸透清水，擰乾、打鬆後投入染浴中升溫染色，升溫的速度不宜過快，煮染的時間約為染液煮沸後半小時。

4. 取出被染物，擰乾後進行媒染半小時。

5. 經媒染後的被染物再入原染浴中染色半小時。

6. 煮染之後，被染物取出水洗、晾乾即成。

染材名稱：李幹材及樹皮	採集季節：八月	染材用量：300%

染色布樣：蠶絲

染色布樣：棉布

無媒染

日晒堅牢度
★★★★
水洗堅牢度
★★★

無媒染

日晒堅牢度
★★★★★
水洗堅牢度
★★★

石灰

日晒堅牢度
★★★★
水洗堅牢度
★★★★

石灰

日晒堅牢度
★★★
水洗堅牢度
★★★

醋酸鋁

日晒堅牢度
★★★★★
水洗堅牢度
★★★

醋酸鋁

日晒堅牢度
★★★★★
水洗堅牢度
★★★

醋酸錫

日晒堅牢度
★★★★★
水洗堅牢度
★★★

醋酸錫

日晒堅牢度
★★★★
水洗堅牢度
★★★

醋酸銅

日晒堅牢度
★★★★★
水洗堅牢度
★★★★

醋酸銅

日晒堅牢度
★★★★
水洗堅牢度
★★★★

醋酸鐵

日晒堅牢度
★★★★★
水洗堅牢度
★★★

醋酸鐵

日晒堅牢度
★★★★★
水洗堅牢度
★★★

大地之華（續）

【槐】

學　名：*Sophora japonica* Linn.
科屬名：豆科槐樹屬
別　名：槐樹、豆槐、九連燈、槐米、槐花

本土分布：除研究單位少量栽種外，未大量推廣。

世界分布：中國、日本、韓國

用　　途：槐樹適合當路樹、庭園樹，槐花蕾可入藥及作黃色染料

染色取材：花蕾

植物生態：

　　槐為落葉性喬木，樹皮灰色或深灰色，粗糙而縱裂。幼枝綠色，被毛。

　　葉互生，羽狀複葉，具長柄。小葉 7 - 15 對，小葉片為卵狀長圓形或卵狀披針形，長約 2.5 - 5 公分，寬約 1.5 - 2.5 公分，先端尖，基部圓或廣楔形，全緣。正面綠，背面生白色短毛。圓錐花序，頂生於枝端，花數多，呈淺黃色，花冠蝶形。莢果念珠狀或節狀，長約 2.5 - 8 公分，內含種子 1 - 6 粒，種子深棕色，腎形。花期 7 - 8 月，果期 10 - 11 月。

文獻集解：

明朝李時珍在《本草綱目》中記載：「其花未開時狀如米粒，炒過煎水染黃甚鮮。」又引陳藏器之言曰：「子上房七月收之，堪染皂。」

劉基在《多能鄙事》中對染小紅有詳細的記錄：「以練帛十兩為率，蘇木四兩，黃丹一兩，槐花二刃，明礬一兩，先將槐花炒令香，碾碎，以淨水二升煎一升之上，濾去苴，下白礬末些少攪勻，下入絹帛，卻卻以沸湯一碗化開，餘礬入黃絹浸半時許，將蘇木以水二碗煎一碗之上，濾去滓，為頭汁，傾起。再將苴入水一碗半，煎至一半，仍濾別器貯，將苴又水二碗煎一碗，又去滓與第二汁和，入黃丹在內攪極勻，下入礬了黃絹，提轉令勻，浸片時扭起，將頭汁溫熱下染，出絹帛，急手提轉，浸半時許，可提轉六七次，扭起，晾於屋頭令乾，勿令日晒，其色鮮明甚妙。又法：只以槐花蘇木同煎亦佳。」

《天工開物‧彰施第三》有「大紅官綠色：槐花煎水染，藍靛蓋，淺深皆用明礬。豆綠色：黃蘗水染，靛水蓋，今用小葉莧藍煎水蓋者，名草豆綠，色甚鮮。油綠色：槐花薄染，青礬蓋。」及「槐花：凡槐樹，十餘年後方生花實，花初試未開者曰槐蕊，綠衣所需，猶紅花之成紅也。取者張度篾稠其下而承之，以水煮一沸，漉乾捏成餅，入染家用。既放之花，色漸入黃，收用者以石灰少許，晒拌而藏之。」

清代方以智的《物理小識》載曰：「槐，材堅，其芽可茗，結子角如豆，可種，其花蕊和灰蒸之供染。……」

《原色台灣藥用植物圖鑑》對槐的效用記述很多：「花蕾有清熱，涼血，止血之效。治目赤腫痛，預防中風，高血壓，糖尿病，衄血，血淋，腸風便血，赤白痢，崩漏，痔血，癰疽瘡毒。……」它在中藥上屬於重要藥材。

大喬木的槐樹枝葉茂密

槐樹結果成串

染色記事：

　　1990 年夏天，我和婁經緯老師到中國雲貴山區考察民間染織工藝，我們從廣州搭火車去貴州，我從懷化以後就看到鐵路兩旁經常出現一種開滿小點黃花的植物，我問同車的旅客那是什麼樹種，他們說那是槐樹，它在長江流域到處可見。

　　幾天後我們到達貴州清水江畔的苗村作客，苗族婦女在午飯時提到了過姊妹節要蒸煮黃花飯，我問她們黃花飯如何染成？主人家即拿出一包乾燥的槐花，說黃花飯就是用它染成的，我問她吃起來滋味如何？她們說味道很香，而且顏色正黃，那樣的艷黃正像少女的情感一般，單純、明亮而熱烈，女主人把黃花飯的色彩引到情感上，自然引起滿室的笑聲。次日臨走前，我還從主人

曬乾的槐花蕾

炒熟的槐花蕾

家帶走一小袋乾槐米，回台後才發現台灣的中藥店即可輕易購得，而且價錢也不太貴。槐花的染色過程如下：

1. 量秤適量的槐花，將它放在炒菜鍋中乾炒，熱炒過程中要不停翻動，炒至槐米呈金黃色即可起鍋，勿使燒焦變黑。

2. 將炒過的槐米放進不鏽鋼鍋中，加入適量清水後升火熬煮萃取色素，萃取時間約為水沸後半小時，可萃取二至三回。

3. 萃取後的染液經細網過濾後，調和在一起作染浴。

4. 被染物先浸透清水，擰乾、打鬆後投入染浴中升溫染色，升溫的速度不宜過快，煮染的時間約為染液煮沸後半小時。

5. 取出被染物，擰乾後進行媒染半小時。

6. 經媒染後的被染物再入原染浴中染色半小時。

7. 煮染之後，被染物可放在染鍋中降溫，染液冷後取出水洗、晾乾。

8. 注意事項：槐花染液溫度下降後會出現色素凝結現象，只要染液再升溫，色素即可再溶解而加以運用。

染材名稱：槐（花蕾）	採集季節：	染材用量：50%

染色布樣：蠶絲

染色布樣：棉布

無媒染 日晒堅牢度 ★★★★★ 水洗堅牢度 ★	無媒染 日晒堅牢度 ★★★★★ 水洗堅牢度 ★★

石灰 日晒堅牢度 ★★★★★ 水洗堅牢度 ★★	石灰 日晒堅牢度 ★★★★★ 水洗堅牢度 ★★

醋酸鋁 日晒堅牢度 ★★★★★ 水洗堅牢度 ★	醋酸鋁 日晒堅牢度 ★★★★ 水洗堅牢度 ★★

醋酸錫 日晒堅牢度 ★★★★★ 水洗堅牢度 ★	醋酸錫 日晒堅牢度 ★★★★★ 水洗堅牢度 ★

醋酸銅 日晒堅牢度 ★★★★★ 水洗堅牢度 ★★	醋酸銅 日晒堅牢度 ★★★★ 水洗堅牢度 ★★

醋酸鐵 日晒堅牢度 ★★★★★ 水洗堅牢度 ★★	醋酸鐵 日晒堅牢度 ★★★★★ 水洗堅牢度 ★★★

【黃槐】

學　名：*Senna sulfurea* (Collad.) Irwin & Barneby
科屬名：豆科決明屬
別　名：

本土分布：台灣各城市之公園、行道樹常用之樹種

世界分布：原產於印度、斯里蘭卡、澳洲，現廣佈於熱帶及亞熱帶地區

用　　途：庭園樹、行道樹

染色取材：莖葉

植物生態：

　　黃槐為落葉性的小喬木，樹高約 4 - 5 公尺，上部枝葉茂盛，小枝略呈四稜形。葉為偶數之羽狀複葉，總長約 15 公分，小葉 3 - 6 對，對生，倒卵形，先端圓或微凹，基部鈍形，長度約為 2 - 5 公分，兩面皆光滑。花腋生，繖房花序，花數眾多，花瓣為金黃色，花期頗長， 3 - 12 月間皆可開花。莢果扁平，長約 5 - 12 公分，寬約 1 公分，內藏種子 10 - 12 粒，種子黑褐色，於冬季成熟。

黃槐開花於枝端，花期頗長

文獻集解：

　　黃槐為外來的觀賞性植物，早期的文獻並未見對它的描述，近代的文獻也多側重於生態與觀賞說明，較少見到其他用途敘述。

　　唯《台灣樹木解說》有「栽培觀賞，唯淺根性，耐風性較弱。嫩葉於原產地有充為蔬菜之用者；根入藥，消炎去

黃槐開花之後即結成莢果

淋。」是對黃槐在原產地西印度用途的記述。

　　蔡福貴先生所著《木本觀賞植物》中，對黃槐的栽培法有較清楚的描述：「以種子繁殖；春至夏季為播種適期（種子於播種前，需以熱水處理五分鐘）。生性強健，生長快，培植土質不苛求，只要表土深厚，地勢高燥而排水良好之土壤均可生長。育苗、移植及定植均甚容易。……」

　　因黃槐為蘇木科決明屬植物，它與鐵刀木、皂莢及各種決明同屬，前者皆可用以染色，故也將極常見的黃槐列為研試對象，染後發覺色調與鐵刀木有些接近，但少綠味耳。

染色記事：

　　結槐花蕾的槐樹和同樣開黃花的黃槐其實是完全不同的樹種，但往往會被人混淆，混淆的原因大概都因彼此都有個「槐」字，在台灣槐樹栽種得很少，而黃槐卻很普遍，我們常在公園裡、馬路邊或安全島上看到枝頭掛滿黃花的黃槐，走近一看，原來黃槐葉小而呈卵形，但它的花朵不小，一般直徑多在三、四公分左右，而且花瓣也有適當的厚度與重量，盛開的花朵會使小枝呈現傾斜的姿態。而槐樹卻是大喬木，它的葉片較大而狹長，花也頂生於枝端，不過花形甚小，花數眾多，且花色較淡。從這明顯的特徵中應該可以輕易分出彼此。

　　除了小喬木的黃槐外，台灣最常見的是低矮灌木型的金邊黃槐，它因分枝多而成叢生，其小葉邊緣繞著一圈金黃色線，花型花色一如黃槐，它的枝葉也可以用來染色。它們的染色方法如下：

1. 採集黃槐枝葉，將它切細，加入適量清水，於不鏽鋼鍋中煎煮萃取色素，萃取時間約為水沸後一小時，共萃取兩回。
2. 萃取後的染液經細網過濾後，調和在一起作染浴。
3. 被染物先浸透清水，擰乾、打鬆後投入染浴中升溫染色，升溫的速度不宜過快，煮染的時間約為染液煮沸後半小時。
4. 取出被染物，擰乾後進行媒染半小時。
5. 經媒染後的被染物再入原染浴中染色半小時。
6. 煮染之後，被染物取出水洗、晾乾而成。
7. 注意事項：黃槐枝葉的色素含量不是很高，若欲染中濃度以上的顏色，染材比最 好訂在500％以上。

黃槐枝葉可用於染色

| 染材名稱：黃槐莖葉 | 採集季節：二月 | 染材用量：500% |

染色布樣：蠶絲

無媒染

日晒堅牢度
★★★
水洗堅牢度
★★★

染色布樣：棉布

無媒染

日晒堅牢度
★★★★
水洗堅牢度
★★★★

石灰

日晒堅牢度
★★★★
水洗堅牢度
★★★

石灰

日晒堅牢度
★★★★
水洗堅牢度
★★★★

醋酸鋁

日晒堅牢度
★★★
水洗堅牢度
★★★

醋酸鋁

日晒堅牢度
★★★
水洗堅牢度
★★★★

醋酸錫

日晒堅牢度
★★
水洗堅牢度
★★★

醋酸錫

日晒堅牢度
★★★
水洗堅牢度
★★★★

醋酸銅

日晒堅牢度
★★★★★
水洗堅牢度
★★★

醋酸銅

日晒堅牢度
★★★★
水洗堅牢度
★★★★

醋酸鐵

日晒堅牢度
★★★★
水洗堅牢度
★★★★

醋酸鐵

日晒堅牢度
★★★★★
水洗堅牢度
★★★★

大地之華（續）

【青楓】

學　名：*Acer serrulatum* Hayata
科屬名：槭樹科槭樹屬
別　名：青皮楓、中原氏掌葉槭、青槭

本土分布：全島中低海拔之闊葉林內，部份庭園亦有栽植。

世界分布：台灣特有

用　　途：優良的景觀植物，適合造園樹、行道樹、盆景等用

染色取材：枝葉

植物生態：

　　青楓為落葉性之喬木，樹高可達二十公尺，但一般較常見的多在十公尺以下，粗幹的樹皮為灰褐色，幼枝樹皮為綠色，表皮平滑。葉對生，掌狀五裂，紙質，長約 6 - 10 公分，寬約 8 - 10 公分，裂片多為三角狀披針形或卵形，邊緣有不規則鋸齒緣，葉基心形，掌狀脈明顯。雌雄同株，花序為頂生的聚繖花序，花為黃綠色，萼片 5 片，花瓣 5 枚。翅果，小堅果為橢圓形，翅為倒卵形，長約 2 - 3 公分，黃綠色，成熟後可藉風力傳播。

青楓的葉形簡潔而優美

文獻集解：

愛楓賞楓自古而然，唐代杜牧有詩云：「遠上寒山石徑斜，白雲深處有人家，停車坐看楓林晚，霜葉紅於二月花。」明代朱靜菴亦有詩云：「江空木落雁聲悲，霜入丹楓百草萎，蝴蝶不知身是夢，又隨春色上寒枝。」都藉紅楓勾勒出絕美的意境。

青楓之果為翅果

《台灣樹木解說》中記載：「青楓為台灣特產，生長於全島山麓至海拔 2000m 闊葉樹林中。若欲見其紅葉，則須寒流低溫後，葉始轉紅。」及「青楓的樹皮青綠色，葉形似手掌，五裂，形狀甚美，經秋霜後，葉轉丹紅，極為豔麗，是著名紅葉觀賞植物，因樹形極為優美，而廣泛用作庭園綠化及觀賞樹種，亦常做成盆栽供觀賞。」

台灣早期文獻中並未見有以青楓染色的記錄。但日本山崎青樹氏曾有以槭樹科植物染色的記載，我們為開發本土植物染色種類，故以平地即很見常的青楓試染，染後發覺效果不錯，值得國人運用。

染色記事：

　　落葉性的青楓和楓香都被稱為楓樹，它們的共通特徵是葉子都會變紅，而且兩種樹葉皆可用來染色。喜歡賞楓的人往往會因分辨不出彼此而爭辯不休。

　　其實兩者從樹型、小枝、果型都可輕易分辨。楓香為大喬木，樹幹為優良建材，楓木傢俱、楓木地板皆取材自楓香，故楓香多大樹，且具有高大挺拔的主幹，從主幹生出的側枝輪生得頗為規律，故樹型多成圓錐狀。而青楓的主幹多不能透頂，到了分岔後就形成Y字型，多次分岔後自然使樹冠呈較寬大的圓形或不規則形。

　　楓香的細枝條灰褐而多分岔，而青楓的小枝多平滑而樹皮呈綠色，此特徵差異頗大。

　　金縷梅科的楓香果為圓形而帶小尖刺狀的毬果，槭樹科的青楓為螺旋槳狀的翅果，將它拋向空中，它會優雅地自然旋轉飄落。

　　其染色方法如下：

1. 採集青楓枝葉，將它切細，加入適量清水，於不鏽鋼鍋中煎煮萃取色素，萃取時間約為水沸後一小時，共萃取兩回。
2. 萃取後的染液經細網過濾後，調和在一起作染浴。
3. 被染物先浸透清水，擰乾、打鬆後投入染浴中升溫染色，升溫的速度不宜過快，煮染的時間約為染液煮沸後半小時。
4. 取出被染物，擰乾後進行媒染半小時。
5. 經媒染後的被染物再入原染浴中染色半小時。
6. 為免出現染斑，煮染之後，被染物不要存放在染鍋中待冷，直接取出水洗、晾乾。

青楓樹的新葉多呈
紅色

染材名稱：青楓枝葉	採集季節：七月	染材用量：500%

染色布樣：蠶絲

無媒染

日晒堅牢度
★★★★★
水洗堅牢度
★★

染色布樣：棉布

無媒染

日晒堅牢度
★★★★★
水洗堅牢度
★★★

石灰

日晒堅牢度
★★★★★
水洗堅牢度
★★

石灰

日晒堅牢度
★★★★★
水洗堅牢度
★★★

醋酸鋁

日晒堅牢度
★★★★★
水洗堅牢度
★★

醋酸鋁

日晒堅牢度
★★★★★
水洗堅牢度
★★

醋酸錫

日晒堅牢度
★★★★★
水洗堅牢度
★★★

醋酸錫

日晒堅牢度
★★★★
水洗堅牢度
★★★

醋酸銅

日晒堅牢度
★★★★★
水洗堅牢度
★★

醋酸銅

日晒堅牢度
★★★★★
水洗堅牢度
★★★

醋酸鐵

日晒堅牢度
★★★★★
水洗堅牢度
★★★

醋酸鐵

日晒堅牢度
★★★★★
水洗堅牢度
★★★

【枇杷】

學　　名：*Eriobotrya japonica* Lindl.
科屬名：薔薇科枇杷屬
別　　名：盧橘

本土分布：台灣各地 500 公尺以下山坡地都有些栽培，其中以中部之台中、苗栗、南投三縣最多。
世界分布：中國中南部、日本
用　　途：食用水果、製罐頭、製枇杷膏、葉、幹皮可染色
染色取材：枝幹皮
植物生態：

　　枇杷為多年生常綠小喬木，小枝粗壯，密生淡褐色絨毛。葉互生，有短柄，葉形為長橢圓形或倒披針形，長約 15 至 30 公分。冬季開花，花為頂生，圓錐花序，白色，花瓣五片。果實為倒卵形或長圓形，熟時呈鉻黃或橙黃色，外被細絨毛，長約 3 至 5 公分，果肉和果皮的顏色相似，美味可口，內藏種子 1 至 5 顆，種子為咖啡色。

枇杷於冬季開花

枇杷結果

文獻集解：

　　李時珍在《本草綱目》中引唐代蘇頌之言曰：「枇杷……木高丈餘，肥枝長葉，大如驢耳，背有黃毛，陰密婆娑可愛，四時不凋，盛冬開白花，至三四月成實作俅，生大如彈丸，熟時色如黃杏，微有毛，皮肉甚薄，核大如芋栗，黃褐色，四月采葉，曝乾用。」李時珍又引＜廣志＞云：「枇杷易種，葉微似栗，冬花春實，其子簇結有毛，四月熟，大者如雞子，小者如龍眼，白者為上，黃者次之，無核者名焦子……。」又記：「實主治：止渴下氣，利肺氣，止吐逆，主上焦熱，潤五臟。葉主治卒㕮不止，下氣，……。」

　　《原色台灣藥用植物圖鑑》記載「原產中國大陸……台灣栽培伊始未明。惟一直為各地普遍大量栽培之經濟水果。」所列成分極為複雜，其中有「鞣質」、「隱黃素」及「β－胡蘿蔔素」。我們從這些成分來判斷，認為枇杷應為良好染材。

　　《台灣樹木解說》載有「栽培佳果。葉、花、果、種仁及根均供藥用，主治咳嗽，本種之樹體端正、枝葉扶蔬，白花似雪，亦用為良好之園林樹木，向有「南國嘉木」之美譽。唐楊士鍔曾詠枇杷花：嫋嫋碧海風，濛濛綠枝雪。良有以也。」

枇杷枝端新葉

削好的枇杷樹皮即可熬煮萃取染液

染色記事：

六年前，因朋友邀約前往台中太平頭汴坑遊玩，車過一江橋後不久，只見道路兩旁皆是荔枝、龍眼果園，再循頭汴坑溪畔內行，則枇杷果園愈來愈多，當時我們正在執行染色研究專案，自然興起對枇杷試染的念頭。臨走前請朋友向其鄰居要了一些枝葉回來試染，兩天後居然染出了很美的紅褐色與暗紅色。

後來又經台中縣立文化中心張惠茹的帶領，前往枇杷的主要產區新社鄉拜訪種枇杷的果農，才將枇杷的生長與生產狀態理出了頭緒。

原來枇杷為冬季開花、春季結果，清明前後採收，收成之後的一個多月內，為使養分集中到尚未結果的小枝上，農人們即砍除結過果實的枝條，到了冬季，小枝長成如大拇指般粗，又可以開花結果了。修除的枝葉目前沒有其他用途，多在園邊集中燒毀。我們若要獲得染材，當在採果之後前往收集才是最恰當的時機。

其染色方法如下：

1. 採集枇杷枝條，用小刀將樹皮削下，切細後，加入適量清水，於不鏽鋼鍋中煎煮萃取色素，萃取時間約為水沸後二小時，可萃取二至三回。

2. 萃取後的染液經細網過濾後，調和在一起作染浴。

3. 被染物先浸透清水，擰乾、打鬆後投入染浴中升溫染色，升溫的速度不宜過快，煮染過程中要不停攪動，煮染的時間約為染液煮沸後半小時。

4. 取出被染物，擰乾後進行媒染半小時。

5. 經媒染後的被染物再入原染浴中染色半小時。

6. 為避免染斑產生，煮染之後，被染物不要存放在染鍋中待冷，直接取出水洗、晾乾。

7. 注意事項：

　　a.枇杷樹皮的色素含量較高，染材比在80-100%即可染出深濃的顏色。

　　b.熬煮枇杷樹皮的時間不宜過短，煮後染液會含多量膠質而呈濃稠狀，此為正常現象，無須疑慮。

染材名稱：枇杷枝幹皮	採集季節：四月	染材用量：200%

染色布樣：蠶絲

無媒染

日晒堅牢度
★★★★★
水洗堅牢度
★★

石灰

日晒堅牢度
★★★★
水洗堅牢度
★★

醋酸鋁

日晒堅牢度
★★★★★
水洗堅牢度
★★★

醋酸錫

日晒堅牢度
★★★★★
水洗堅牢度
★★★

醋酸銅

日晒堅牢度
★★★★★
水洗堅牢度
★★★★

醋酸鐵

日晒堅牢度
★★★★★
水洗堅牢度
★★★★

染色布樣：棉布

無媒染

日晒堅牢度
★★★★
水洗堅牢度
★★★★

石灰

日晒堅牢度
★★★★
水洗堅牢度
★★★

醋酸鋁

日晒堅牢度
★★★★
水洗堅牢度
★★★★

醋酸錫

日晒堅牢度
★★★★★
水洗堅牢度
★★★★

醋酸銅

日晒堅牢度
★★★★★
水洗堅牢度
★★★★

醋酸鐵

日晒堅牢度
★★★★
水洗堅牢度
★★★★

大地之華（續）

【月橘】

學　名：*Murraya paniculata* (L.) Jack
科屬名：芸香科月橘屬
別　名：七里香、九里香、十里香、石柃、四時橘、滿山香

本土分布：台灣全境平野至低海拔山區自生，目前各地多作綠籬栽培。
世界分布：亞洲南部，從印度到澳洲均有，中國南部、緬甸、印度、菲律賓、馬來西亞、琉球、澳洲等地較多。
用　　途：庭園造景、綠籬、插花、藥用。
染色取材：莖葉
植物生態：

　　月橘為常綠性灌木或小喬木，全株平滑無毛，常作為圍籬樹。葉互生，奇數羽狀複葉，小葉卵形、倒卵形或菱形，先端鈍而微凹缺，基部楔形或闊楔形，全緣，葉面具光澤，葉長 2 至 5 公分。繖形花序，頂生或腋生，花白色而有濃郁香氣，萼淺鐘形，五裂，花瓣五枚，雄蕊十枚，五長五短，子房二室。漿果為卵形或球形，初為綠色，熟時橙紅色，內有種子 1 至 2 粒。夏至冬季間開花結果。

月橘花香濃郁芬芳

文獻集解：

　　月橘又名七里香，古稱芸香、桎花、山礬等名，黃庭堅云：「江南野中桎花極多，野人采葉燒灰，以染紫為黝，不借礬而成，予因以易其名為山礬。」

　　李時珍《本草綱目》云：「山礬生江淮湖蜀野中，樹之大者株高丈許，其葉似巵子葉，生不對節，光澤堅強，略有齒，凌冬不凋，三月開花，繁白如雪，六出黃蕊，甚芬香，結子大如椒，青黑色，熟則黃色可食，其葉味濇，人取以染黃及收豆腐，或雜入茗中。」

　　從以上得知，七里香的灰汁可作媒染劑，七里香之葉可染黃色，此為宋朝、明朝之應用記載。

　　清代董天工撰之《台海見聞錄》中，收錄十多首七里香的名詩，如「雪魄冰姿淡淡妝，送春時節弄芬芳。著花何止三迴笑，惹袖猶餘半日香。竟使青蠅垂翅避，不教昏瘴逐風狂。靈均莫謾悲蘭茝，正色宜令幽谷藏。」翠蓋團團密葉藏，繁花如雪殢幽芳。分明天上三株樹，散作人間七里香。丹桂婆娑猶入俗，繡球攢簇太郎當。何如瓊島嫣然秀，采掇還傳辟瘴方。」素華真可勝梅妝，點點瓊葩點點芳。翠葉繽紛懷潔白，濃香暗惹綠衣郎。」詩皆高妙，染得嬌黃嫩綠之餘，若能吟詠數行，當可神會先賢之風雅。

大地之華（續）

染色記事：

　　要研究整理傳統的天然染色資料，不但要勤於試作，更要經常查閱古籍。有次我們在翻閱《本草綱目》的目錄時，發現三筆畫的條目中有「山礬」一條，其下另加括弧寫（芸香）兩字，我們因常用媒染劑明礬、皂礬（醋酸鐵）而對「礬」字特別敏感，才翻閱該條目想看看此礬到底為何物？閱讀之後，才意外地發現原來「山礬」即為大家所熟知的「七里香」，李時珍並注曰：「……其葉味濇，人取以染黃及收豆腐……」

　　見此條目如獲至寶，不久即在樓下公園邊修剪七里香綠籬的過長枝葉，染得幾塊嬌黃與嫩綠的絲巾而興奮不已，自此而後，我們乃將這上天賜予的優美青春色彩帶至各地的研習班中和學員們分享。其染色方法如下：

1. 採集生鮮的月橘枝葉，將它切細，加入適量清水，並添加水量0.1%的碳酸鉀，於不鏽鋼鍋中煎煮萃取色素，萃取時間約為水沸後一小時，可萃取兩回。

2. 萃取後的染液經細網過濾後，調和在一起作染浴。

3. 將染浴調入少量冰醋酸，使它呈 pH7 的中性浴。

4. 被染物先浸透清水，擰乾、打鬆後投入染浴中升溫染色，升溫的速度不宜過快，煮染的時間約為染液煮沸後半小時。

5. 取出被染物，擰乾後進行媒染半小時。

6. 經媒染後的被染物再入原染浴中染色半小時。

7. 煮染之後，被染物可放在染鍋中降溫，再取出水洗、晾乾而成。

月橘枝葉

染材名稱：月橘枝葉	採集季節：十一月	染材用量：400%

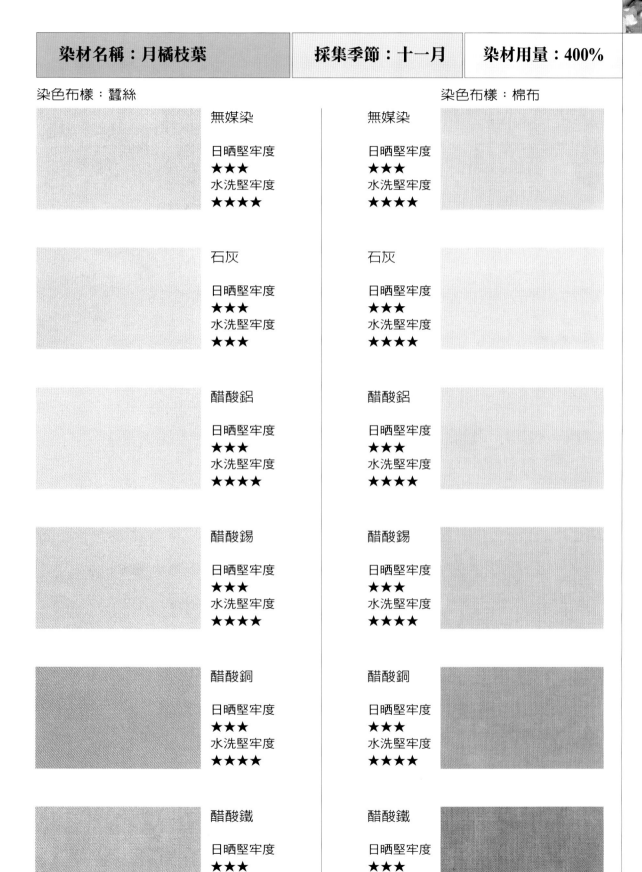

染色布樣：蠶絲

無媒染
日晒堅牢度
★★★
水洗堅牢度
★★★★

石灰
日晒堅牢度
★★★
水洗堅牢度
★★★

醋酸鋁
日晒堅牢度
★★★
水洗堅牢度
★★★★

醋酸錫
日晒堅牢度
★★★
水洗堅牢度
★★★★

醋酸銅
日晒堅牢度
★★★
水洗堅牢度
★★★★

醋酸鐵
日晒堅牢度
★★★
水洗堅牢度
★★★★

染色布樣：棉布

無媒染
日晒堅牢度
★★★
水洗堅牢度
★★★★

石灰
日晒堅牢度
★★★
水洗堅牢度
★★★★

醋酸鋁
日晒堅牢度
★★★
水洗堅牢度
★★★★

醋酸錫
日晒堅牢度
★★★
水洗堅牢度
★★★★

醋酸銅
日晒堅牢度
★★★
水洗堅牢度
★★★★

醋酸鐵
日晒堅牢度
★★★
水洗堅牢度
★★★★

【青剛櫟】

學　名：*Cyclobalanopsis glauca* (Thumb.) Oerst.
科屬名：殼斗科椆屬
別　名：校欑、九欑、九層、椆鐵椆、石櫧、青
　　　　栲

本土分布：台灣全境平地山麓至 二千公尺山區普遍分布
世界分布：中國、印度、韓國、日本
用　　途：建材、枕木、香菇植材
染色取材：枝葉
植物生態：

　　台灣中低海拔山區是以樟科及殼斗科族群為主的植物社會，青剛櫟是殼斗科的代表性植物之一，故在中低海拔山區裡極為常見。它是常綠性的喬木，樹高可達二十多公尺，幹皮灰褐色，略顯光滑，有不太明顯的縱向細裂紋，嫩枝被黃色絹毛。葉互生，革質，長橢圓狀披針形，先端漸尖或銳尖，基部楔形或鈍形，上半部為粗鋸齒緣，下半部近全緣，葉長約 8 - 12 公分，新葉為黃綠色，老葉正面呈深綠，葉背為灰綠色。春季開花，葇荑花序，腋生。殼斗為杯狀，生有絹毛，堅果為橢圓形，下部包在殼斗中，頂端具短突尖，果長約 2 公分。春夏間開花，夏秋為果期。

青剛櫟枝葉

文獻集解：

櫟類植物古有栩、柞櫟、苞櫟等名，《詩經》有「黃鳥黃鳥，無集于栩。」「肅肅鴇羽，集于苞栩。」「山有苞櫟，隰有六駁。」「東門之枌，宛丘之栩。」等，當時因植物分類未如現代仔細，故無法確知各為何種。

青剛櫟結果

《本草綱目》中雖無青剛櫟條目，卻有「橡實」一條，釋名為：「橡斗、皂斗、櫟樣、柞子、芧、栩。……陸機註云：即柞櫟也，秦人謂之櫟，徐人謂之杼，或謂之栩，其子謂之皂，亦曰皂斗，其殼煎汁，可染皂也。……」時珍在集解中復引宗奭之言曰：「櫟葉如栗葉，為炭則他木皆不及，其殼雖可染皂，若曾經雨水者，其色淡。」

《台灣樹木解說（三）》記載其用途為：「詩經秦風：「山有苞櫟」，即泛指本類群之樹木，因殼斗科之樹木，其「總苞」於果實成熟時呈木質化杯斗狀之殼斗焉。本種種仁苦澀，不堪食用，木材堅韌，為構造材及農具用材。又樹冠濃密，為良好之園林樹種。」

大地之華（續）

染色記事：

　　小時候，我常跟隨父親上山砍柴，大概是山上的生活太單調了吧！父親總會在情境恰當的時候唸一些押韻的順口溜，他常說：「鈍刀使利手，吃麻薯出力揪」、「九攢同雞瘤，吃瘦肉沾豆油」，我從小聽著唸著，覺得親切而好玩，就這樣一直牢記至今。

　　九攢，在我小時候的住家附近很多，因為是很堅硬的木材，所以常被父親削成大小刀把或鋤頭柄，有時也會將它雕成陀螺，所以從我有記憶以來，就知道它的存在，後來讀書才知道原來它叫「青剛櫟」

　　《本草綱目》中有「橡實」條目，釋名為「橡斗」、「皁斗」、「櫟梂」等，並記「橡斗可以染皁也」，我們認為具有「皁斗」的殼斗科植物種類眾多，不妨從自己熟悉而大量的青剛櫟枝葉著手試染，染後覺得效果還不錯，至於「橡斗染皁」卻因大量的橡斗取材較難，所以並未積極研究。

　　其染色方法如下：

1. 採集青剛櫟枝葉，將它切細，加入適量清水，於不鏽鋼鍋中煎煮萃取色素，萃取時間為水沸後一小時，共萃取兩回。

2. 萃取後的染液經細網過濾後，調和在一起作染浴，若希望所染的顏色紅些，染液煮好後可存放氧化兩三天再染。

3. 被染物先浸透清水，擰乾、打鬆後投入染浴中升溫染色，升溫的速度不宜過快，煮染的時間約為染液煮沸後半小時。

4. 取出被染物，擰乾後進行媒染半小時。

5. 經媒染後的被染物再入原染浴中染色半小時。

6. 為避免產生染斑，煮染之後，被染物不要存放在染鍋中，直接取出水洗、晾乾而成。

7. 注意事項：染液升至高溫後即轉成小火持溫，以免氣泡過多而產生染斑，同時也要不停攪動。

青剛櫟枝葉可用於染色

染材名稱：青剛櫟枝葉	採集季節：六月	染材用量：400%

染色布樣：蠶絲

無媒染

日晒堅牢度
★★★★
水洗堅牢度
★★★

石灰

日晒堅牢度
★★★★
水洗堅牢度
★★

醋酸鋁

日晒堅牢度
★★★★
水洗堅牢度
★★

醋酸錫

日晒堅牢度
★★★★
水洗堅牢度
★★

醋酸銅

日晒堅牢度
★★★★★
水洗堅牢度
★★★★

醋酸鐵

日晒堅牢度
★★★★
水洗堅牢度
★★

染色布樣：棉布

無媒染

日晒堅牢度
★★★★
水洗堅牢度
★★

石灰

日晒堅牢度
★★★
水洗堅牢度
★★

醋酸鋁

日晒堅牢度
★★★★
水洗堅牢度
★★

醋酸錫

日晒堅牢度
★★★★
水洗堅牢度
★★

醋酸銅

日晒堅牢度
★★★★★
水洗堅牢度
★★★

醋酸鐵

日晒堅牢度
★★★★
水洗堅牢度
★★★★

大地之華 （續）

【珊瑚樹】

學　名：*Viburnum odoratissimum* ker.
科屬名：忍冬科莢蒾屬
別　名：山豬肉、沙糖木、著生珊瑚樹

本土分布： 中南部向陽地，恆春半島、蘭嶼較多
世界分布： 中國華南、日本、印度、緬甸、菲律賓
用　　途： 景觀造園樹種、豬飼料
染色取材： 枝葉
植物生態：

　　珊瑚樹為常綠小喬木，高約 5 - 10 公尺，樹枝深褐色，樹皮光滑，枝葉繁茂。葉有柄，厚革質，對生，兩面光滑，長倒卵形或長橢圓形，葉片長約 5 - 10 公分，寬約 3 - 6 公分，先端短鈍尖，基部楔形或漸尖形，全緣或波狀緣。白色小花聚生成大型的聚繖花序，花冠為鐘形，花香芬芳撲鼻。果實卵狀橢圓形，熟時呈深紅色，光滑晶瑩，色如珊瑚，徑約 1 - 1.5 公分，熟透之後變成深紫褐色。播種、扦插皆可繁殖。

珊瑚樹結果累累滿樹

珊瑚樹的幼苗

文獻集解：

　　日本山崎青樹所著的《草木染染料植物圖鑑》中載有珊瑚樹染色的條目，其中關於珊瑚樹的產地記有「關東以南的本州，四國，九州，沖繩的丘陵地自生，及朝鮮，台灣，中國，印度等地皆有分布。」書中所附染色布樣顯示，珊瑚樹可染深濃的赤樺色、柿色、黑鳶色。

　　陳運造先生所著的《野生觀賞植物（一）》中記其特性為：「陽性樹，喜溫暖濕潤環境，耐風抗潮。播種、扦插或高壓繁殖。」記其用途為：「庭植添景觀賞，亦可栽植為綠籬。果枝供花材。嫩葉、枝、樹皮和根供藥用，治感冒、風濕、跌打腫痛、骨折、刀傷和蛇傷。葉作綠肥。」

　　邱年永和張光雄共著的《原色台灣藥用植物圖鑑（3）》記其在台產地為：「台灣南部，尤以恆春半島山麓再生林內多見。」

　　目前珊瑚樹常被用以作為景觀造園樹種，所以全台各地公園、路樹、庭院中也經常可見。

珊瑚樹葉革質，具有良好的色素

染色記事：

　　我們從莢蒾染色之後，就想在忍冬科莢蒾屬中再找其他植物試驗，查資料後發現莢蒾屬有一種叫珊瑚樹的植物，據說可以染出暗紅色，所以當我們前往恆春熱帶植物園採集銀葉樹、魯花樹與大葉山欖時，自然也要順便採集珊瑚樹來試驗。

　　帶領我們採集的潘清連老師在初見面後就拿出一把他剛收集的珊瑚樹果實，它們的顏色猶如拋光過的紅珊瑚，我將它拿在手中把玩一陣，不用多加解釋，自然瞭解到它何以命名的緣由。

　　自從試染過珊瑚樹之後，就經常在墾丁以外的地方再見其芳蹤，像北二高寶山休息站及附近路邊就種植很多，而陽明山及科博館等公園中也都可以見到。

　　其染色方法如下：

1. 採集珊瑚樹枝葉，將它切細，加入適量清水，於不鏽鋼鍋中煎煮萃取色素，萃取時間為水沸後一小時，共萃取兩回。
2. 萃取後的染液經細網過濾後，調和在一起作染浴。
3. 被染物先浸透清水，擰乾、打鬆後投入染浴中升溫染色，升溫的速度不宜過快，煮染的時間約為染液煮沸後半小時。
4. 取出被染物，擰乾後進行媒染半小時。
5. 經媒染後的被染物再入原染浴中染色半小時。
6. 煮染之後，被染物不要存放在染鍋中待冷，直接取出水洗、晾乾。

染材名稱：珊瑚樹枝葉	採集季節：五月	染材用量：200%

染色布樣：蠶絲

無媒染

日晒堅牢度
★★★★
水洗堅牢度
★★

石灰

日晒堅牢度
★★
水洗堅牢度
★★

醋酸鋁

日晒堅牢度
★★★
水洗堅牢度
★★

醋酸錫

日晒堅牢度
★★★
水洗堅牢度
★★

醋酸銅

日晒堅牢度
★★★★
水洗堅牢度
★★★

醋酸鐵

日晒堅牢度
★★★★
水洗堅牢度
★★

染色布樣：棉布

無媒染

日晒堅牢度
★★★★
水洗堅牢度
★★

石灰

日晒堅牢度
★★
水洗堅牢度
★★★

醋酸鋁

日晒堅牢度
★★★
水洗堅牢度
★★★

醋酸錫

日晒堅牢度
★★★
水洗堅牢度
★★★★

醋酸銅

日晒堅牢度
★★★★
水洗堅牢度
★★★★

醋酸鐵

日晒堅牢度
★★★
水洗堅牢度
★★★★

大地之華（續）

【馬纓丹】

學　名： *Lantana camara* Linn.
科屬名： 馬鞭草科馬纓丹屬
別　名： 五色梅、五龍蘭、如意草、臭草

本土分布： 台灣全境低海拔山區、海邊及郊野馴化野生，極常見。

世界分布： 原產於美洲，現亞熱帶及熱帶地區普遍馴化野生。

用　　途： 綠籬、觀賞、藥用

染色取材： 枝葉

植物生態： 　馬纓丹為常綠之半蔓性灌木，它的小枝為四稜形，老枝較圓，枝上具有逆向之銳刺，全株有刺激性異味。葉對生，具柄，卵形至卵狀長橢圓形，葉面皺縮而具粗糙感，葉長約 4-8公分，先端尖銳，基部鈍圓，粗鋸齒緣，兩面披短硬毛。頭狀花序作繖房狀排列，花冠有黃、白、橙、深紅、淡紅、紫紅等色彩，核果細球形，熟後皺縮且呈紫黑色。

開黃色花的馬纓丹

開朱紅色花的馬纓丹

文獻集解：

清代吳其濬撰之《植物名實圖考》引用《南越筆記》云：「馬纓丹，一名山大丹，花大如盤，蕊時凡數十百朵，每朵攢集成毬，與白繡球花相類。」其中「花大如盤」顯然與事實不符，不知其所言者是否為他種。

《台灣樹木解說（五）》載其「原產美洲熱帶，已逸出馴化於泛熱帶及亞熱帶地區，有二十個以上之園藝栽培品種，如紅花、白花、紫花、粉紫及斑葉等，均常見栽培。」、「馬纓丹引入台灣年代已久，因生性強健，已逸出馴化成野生狀態，特別在空曠日照強處，常大片生長，因植物體含特殊氣味，牛羊不食其葉，造成其生長益形囂張。」

鄭元春所著《有毒植物》記其有毒部位為：「枝葉及未熟果有毒，」中毒症狀為：「人畜誤食，造成慢性肝中毒，有發燒、衰弱、嘔吐、腹瀉、步履不穩、呼吸急促、昏迷、黃疸等症狀。」

《原色台灣藥用植物圖鑑（1）》中載其效用為：「根有活血、祛風、利濕、清熱之效。……莖葉有消腫解毒，祛風止癢之效。……花有清涼解毒，活血止血之效。……」

從以上得知，馬纓丹既是有毒植物，也是解毒植物，然兩者所稱之毒概不相類也。以毒攻毒，負負得正，世事多奇妙，唯不諳醫事者不可擅作醫生。

大地之華（續）

染色記事：

　　大約在七、八年前的某一天，我們在日月潭涵碧樓下的湖邊步道旁，看到一塊標題為「乞食趕廟公」的木牌，詳讀之後才知道原來它是旁邊叢生的馬纓丹植物的解說牌，其文意大概是說馬纓丹並非台灣原生植物，十七世紀經荷蘭人從熱帶美洲引進栽培，沒想到卻因氣候環境的良好而讓它得以快速地繁殖蔓延，如今馬纓丹已長遍台灣中低海拔各地，並且也因其生命力強大而搶奪了不少原生植物的棲地。

　　以前我們並沒有留意到馬纓丹數量的眾多，近年來我們較常開車到中南部，發覺鄉間野外確有不少馬纓丹的分布，也常在公路兩旁或安全島上看到四季都在開花的馬纓丹。

開雜色花的馬纓丹

開各色花朵的馬纓丹枝葉皆可用來染色

　　其染色方法如下：

1. 採集馬纓丹莖葉，將它切細，加入適量清水，於不鏽鋼鍋中煎煮萃取色素，萃取時間為水沸後四十分，共萃取兩回。
2. 萃取後的染液經細網過濾後，調和在一起作染浴。
3. 被染物先浸透清水，擰乾、打鬆後投入染浴中升溫染色，升溫的速度不宜過快，煮染的時間約為染液煮沸後半小時。
4. 取出被染物，擰乾後進行媒染半小時。
5. 經媒染後的被染物再入原染浴中染色半小時。
6. 煮染之後取出水洗、晾乾而成。

| 染材名稱：馬纓丹莖葉 | 採集季節：五月 | 染材用量：500% |

染色布樣：蠶絲

無媒染

日晒堅牢度
★★★★
水洗堅牢度
★★★★

石灰

日晒堅牢度
★★★★★
水洗堅牢度
★★

醋酸鋁

日晒堅牢度
★★★★
水洗堅牢度
★★★★

醋酸錫

日晒堅牢度
★★★★
水洗堅牢度
★★

醋酸銅

日晒堅牢度
★★★★
水洗堅牢度
★★★★

醋酸鐵

日晒堅牢度
★★★★
水洗堅牢度
★★

染色布樣：棉布

無媒染

日晒堅牢度
★★★
水洗堅牢度
★★★

石灰

日晒堅牢度
★★★
水洗堅牢度
★★★

醋酸鋁

日晒堅牢度
★★★
水洗堅牢度
★★★

醋酸錫

日晒堅牢度
★★
水洗堅牢度
★★★

醋酸銅

日晒堅牢度
★★★★
水洗堅牢度
★★★★

醋酸鐵

日晒堅牢度
★★★
水洗堅牢度
★★★★

【決明】

學　名：*Senna tora*（L.）Roxb.
科屬名：豆科決明屬
別　名：草決明、大山土豆、羊角豆、槐豆、
　　　　江南豆

本土分布：台灣全境之平地及海濱皆常見，尤以中南部最多。

世界分布：西印度及熱帶原產，中國南部、日本各地栽培或已野生化。

用　　途：清涼飲料、野菜、藥用

染色取材：種子

植物生態：

　　決明為一年生亞灌木狀的草本植物，高自數十公分至二公尺間，葉為偶數羽狀複葉，小葉6枚，倒卵形或長橢圓狀倒卵形，鈍頭，其先端或微凸，葉長約2至5公分，第一與第二對小葉間有腺體1枚，葉色為綠中帶粉青味。托葉為線形，早落性。夏秋間開花，成對腋出，總花梗很短，花瓣花萼各5枚，花黃色。莢果為長條形，有四稜，呈弧狀彎曲，長約15公分，內有種子20至30粒，種子咖啡色，油亮光滑。

文獻集解：

決明用於醫藥，由來已久，李時珍在《本草綱目》引唐蘇頌之言曰：「今處處人家園圃所蒔，夏初生苗，高三四尺許，根帶紫色，葉似苜蓿而大，七月開黃花，結角，其子如青綠豆而銳，十月採之……。」其後李時珍又總結曰：「決明有二種，一種馬蹄決明，莖高三四尺，葉大於苜蓿，而本小末奓，晝開夜合，兩兩相帖，秋開淡黃花，五出，結角如初生細豇豆，長五六寸，角中子數十粒，參差相連，狀如馬蹄，青綠色，入眼目藥最良。一種茳芒決明，《救荒本草》所謂山扁豆是也，苗莖似馬蹄決明，但葉之本小末尖，正似槐葉，夜亦不合，秋開深黃花，五出，結角大如小指，長二寸許，角中子

決明子開花

決明子結果

數列，狀如黃葵子而扁，其色褐，味甘滑。」

清代《植物名實圖考》亦載「有茳芒、馬蹄二種，茳沁決明，《救荒本草》謂之山扁豆角，豆可食；馬蹄決明，《救荒本草》謂之望江南，葉可食。……東坡云：蜀人但食其花，穎州并食其葉。山谷亦云：縹葉資芼羹，則當列蔬譜。而北地少茶，多摘以為飲。」

鄭元春在《特用植物》的用途中載有「夏秋季採變成茶褐色之莢果，取出種子晒乾，再經過焙炒，使其香味溢出，可當咖啡代用品。水煮後加冰糖飲用，是絕佳的清涼飲料。嫩莢及嫩莖葉及幼苗均可當求生野菜料理。種子為營養、強壯、利尿藥，可治眼疾及習慣性便秘等。」

《原色台灣藥用植物圖鑑（1）》中有望江南條目，其成分中列有「大黃素」、「槲皮素」、「大黃酚」等。我們因童年常喝決明茶，故將它列為研究對象，近年查閱圖鑑成分資料，對其發色更有把握，想來以色素成分做判斷篩選，應是研究植物染色的重要方法。

決明子可萃取深濃的色素

萃取染液前先將決明子炒熟

染色記事：

　　我的童年都在南投縣水里鄉的鄉下渡過，在十五歲搬家之前，我們每年秋天，都會到濁水溪畔的小台地上採集決明豆，我們將由綠轉褐的豆莢採回後以晒蓆曝曬，兩三天後豆莢自然開裂，用小棒輕敲後，再藉風力吹颺，一週內就可以收到十來斤的乾豆。

　　我們將乾豆收在陶甕裡，過一段時間就拿出一些來炒，炒香後裝在玻璃罐中，以後每天燒好開水，就抓一把投入壺中，霎時即泡成香味四溢的決明茶。當時我們都稱決明為咖啡，殊不知世上還有其他正牌的咖啡。

　　決明茶的顏色深濃，除了香氣還略帶苦味，它曾經陪伴我們渡過艱困的歲月。學染色後，自然會想起童年泡喝決明的生活經驗，這經驗促使我們對它進行染色實驗，果然染出了如茶香般濃郁的黃褐色調。

　　其染色方法如下：

1. 量秤適量的決明子，將它放在炒菜鍋中乾炒，熱炒過程中要不停翻動，勿使燒焦變黑。

2. 將炒過的決明放進不鏽鋼鍋中，加入適量清水後熬煮萃取色素，萃取時間約為水沸後半小時，可萃取兩回。

3. 萃取後的染液經細網過濾後，調和在一起作染浴。

4. 被染物先浸透清水，擰乾、打鬆後投入染浴中升溫染色，升溫的速度不宜過快，煮染的時間約為染液煮沸後半小時。

5. 取出被染物，擰乾後進行媒染半小時。

6. 經媒染後的被染物再入原染浴中染色半小時。

7 為避免形成染斑，煮染之後，被染物不要存放在染鍋中待冷，直接取出水洗、晾乾而成。

染材名稱：決明種子	採集季節：	染材用量：400%

染色布樣：蠶絲

無媒染

日晒堅牢度
★★★★
水洗堅牢度
★★

染色布樣：棉布

無媒染

日晒堅牢度
★★
水洗堅牢度
★★★★

石灰

日晒堅牢度
★★★
水洗堅牢度
★★

石灰

日晒堅牢度
★★
水洗堅牢度
★★★★

醋酸鋁

日晒堅牢度
★★★
水洗堅牢度
★★

醋酸鋁

日晒堅牢度
★★
水洗堅牢度
★★★★

醋酸錫

日晒堅牢度
★★★
水洗堅牢度
★★

醋酸錫

日晒堅牢度
★★
水洗堅牢度
★★★★

醋酸銅

日晒堅牢度
★★★★
水洗堅牢度
★★★

醋酸銅

日晒堅牢度
★★★
水洗堅牢度
★★★★

醋酸鐵

日晒堅牢度
★★★
水洗堅牢度
★★★★

醋酸鐵

日晒堅牢度
★★★
水洗堅牢度
★★★★

大地之華（續）

【瓊崖海棠】

學　　名：*Calophyllum inophyllum* L.
科屬名：藤黃科瓊崖海棠樹屬
別　　名：紅厚殼、海棠樹、海棠木、胡桐

本土分布：恆春半島海岸與蘭嶼自生，並移植至各地公園及行道樹栽培。

世界分布：中國海南島、琉球、印度、澳洲及太平洋之熱帶群島。

用　　途：防風樹、庭園觀賞樹、藥用

染色取材：枝葉、樹皮

植物生態：

　　瓊崖海棠為常綠性喬木，多生長於熱帶海岸地區，因樹皮厚而略帶紅色，所以又名「紅厚殼」。由於樹性強健，故能耐旱、耐鹽、耐瘠又抗風，是海岸極佳的防風造林植物。葉對生，厚革質，具短柄，葉形為長橢圓形或長倒卵形，長約 10 - 18 公分，寬約 4 - 8 公分，先端鈍形或凹入，基部鈍形或近圓形，全緣，兩面光滑無毛。白色花瓣四片，雄蕊多數，花藥金黃色，5 - 7 月開花，有香氣。核果球形，徑約 3 公分，初為粉綠色，熟時赤褐色，內藏種子一粒。

瓊崖海棠的花開於枝端

文獻集解：

《台灣樹木誌》記載著「……產海南島及台灣恆春海岸。分布南洋、澳洲、太平洋諸島等。為優良防風樹種；材供建築、傢具；種子可榨油，供染料及機器用。」

瓊崖海棠結果

《台灣樹木解說》記有「瓊崖海棠之葉形與福木相近，頗易混淆，但本種之側脈甚多，細密而平行，與中肋殆成直角，實易區分。樹姿濃綠亮麗，樹性強壯耐瘠，為良好之園林樹。」

《恆春熱帶植物園常見植物》對其應用也有如下描述：「本種材質密緻而堅重，常用為船艦材及傢具，經久耐用，亦為優良的海岸防風樹種，民間之偏方認為其葉片煎汁可當眼藥，樹脂亦可治牙痛出血。」

《原色台灣藥用植物圖鑑（4）》於瓊崖海棠的成分中記有「樹皮含鞣質」之句，可見它應屬含單寧之染料植物。日本沖繩工藝指導所研究員伊元幸春曾在染織雜誌上刊登「沖繩植物染料」之文章，在「照葉木」條目中有「以樹皮染色，可染出黃系茶色。」之句，為了減少對植物傷害，我們在研試時改採樹葉試作，所染的效果一樣良好。

大地之華（續）

染色記事：

瓊崖海棠的葉片與樹皮為良好染材

大約在十五年前，日本沖繩縣工藝指導所進行琉球地區「植物染料的染色試驗」，其後，參與研究的主任研究員伊元幸春曾在染織雜誌上撰文記述其研究成果，這資料對我們來說真是意義深遠，因為台灣和琉球近在咫尺，許多植物種類都是兩地共有者，琉球可用者，台灣也一定可用。

其中有種染料植物叫「照葉木」，它的發色被歸類到黃咖啡色系中，我從雜誌所刊的小幅圖片中並無法確認其為何種植物，後來經過一翻周折查證，才得知日本的「照葉木」實為南台灣極多的「瓊崖海棠」。

革質葉的瓊崖海棠，其葉形與福木有些彷彿，染色前的熬煮抽色方法也基本相同，抽色時若不知添加鹼劑，所煮的汁液即如牛奶一般，不明究理者可能會因而將那看來沒有顏色的染液給丟棄，事實上，瓊崖海棠是個色素含量不少的植物。其染色方法如下：

1. 採集瓊崖海棠枝葉，將它切細，加入適量清水及水量千分之一的碳酸鉀，於不鏽鋼鍋中煎煮萃取色素，萃取時間約為水沸後一小時以上，共萃取兩回。

2. 萃取後的染液經細網過濾後，調和在一起作染浴。

3. 調入少量冰醋酸，使染液呈 pH7 的中性浴。

4. 被染物先浸透清水，擰乾、打鬆後投入染浴中升溫染色，升溫的速度不宜過快，煮染的時間約為染液煮沸後半小時，煮染期間要不停攪動，才不會形成染斑。

5. 取出被染物，擰乾後進行媒染半小時。

6. 經媒染後的被染物再入原染浴中染色半小時。

7. 為避免出現染斑，煮染之後，被染物不要存放在染鍋中待冷，直接取出水洗、晾乾而成。

8. 注意事項：以瓊崖海棠染色時，染液沸後即轉小火持溫染色，避免因火力強大而形成大量氣泡，如此才能避免染斑發生。

| 染材名稱：瓊崖海棠枝葉 | 採集季節：五月 | 染材用量：400% |

染色布樣：蠶絲

無媒染

日晒堅牢度
★★★★
水洗堅牢度
★★

石灰

日晒堅牢度
★★★
水洗堅牢度
★★

醋酸鋁

日晒堅牢度
★★★★
水洗堅牢度
★★

醋酸錫

日晒堅牢度
★★★
水洗堅牢度
★★

醋酸銅

日晒堅牢度
★★★★
水洗堅牢度
★★★

醋酸鐵

日晒堅牢度
★★★★
水洗堅牢度
★★

染色布樣：棉布

無媒染

日晒堅牢度
★★★★
水洗堅牢度
★★

石灰

日晒堅牢度
★★★
水洗堅牢度
★★★

醋酸鋁

日晒堅牢度
★★★★
水洗堅牢度
★★

醋酸錫

日晒堅牢度
★★★★
水洗堅牢度
★★★

醋酸銅

日晒堅牢度
★★★★
水洗堅牢度
★★★

醋酸鐵

日晒堅牢度
★★★★
水洗堅牢度
★★★★

【萬壽菊】

學　名：*Togetes patula* Linn.
科屬名：菊科萬壽菊屬
別　名：臭芙蓉、孔雀草、西番菊、黃花菊、黃瑞菊、臭菊、紅黃草

本土分布： 台灣各地普遍栽培
世界分布： 墨西哥原產，世界各地已普遍栽種
用　　途： 觀賞、藥用、染料
染色取材： 花、莖葉
植物生態：

　　萬壽菊為一年生的草本植物，株高約 30 - 100 公分，莖多分枝。葉互生，羽狀全裂，裂片呈披針形或線狀披針形，長約 1 - 3 公分，疏鋸齒緣。頭狀花序，腋生或頂生，具長梗，花型有菊花型、康乃馨型及球型，因品種不同而異。花色有黃色、金黃色與金黃色帶紫紅斑者多種。花之周圍為舌狀花，多數，中央為管狀花，瘦果線形，扁平狀。

萬壽菊的生命力強，栽種容易

花瓣中為線狀，旁邊為舌狀

文獻集解：

　　清代所撰之《諸羅縣志》記有「萬壽菊」條目，釋文為「花黃似菊而耐久，盛者可數十蕊。」說明台灣早有萬壽菊的栽種。

　　《植物名實圖考》引《花鏡》內容曰：「萬壽菊不從根發，春間下子，花開金黃色，繁而且久，性極喜肥。按萬壽菊有二種，小者色艷，日照有光如倭緞；大者名臭芙蓉，皆有臭氣。」

　　《原色台灣藥用植物圖鑑（2）》中記有萬壽菊之成分，包括「萬壽菊素」、「槲皮萬壽菊素」、「萬壽菊苷」、「槲皮萬壽菊苷」、「玉紅色素」、「蝴蝶梅黃素」等色素，正因萬壽菊具有這些色素，故可用以染色。

枝葉染黃綠，花朵染黃，故染前先將兩者分開

染色記事：

　　桃園縣文化局最近兩年於西部海線的蓮花節中，也開始推展植物染色，兩年來，我們受邀在新屋鄉的某休閒農場中授課，初期我們是以蓮蓬、荷葉、蓮子殼為主要染材，後來為了增加不同的色相，乃開始擴充染材種類。

　　某天，我們在午休時逛到農場後段，才發現那裡種了成片萬壽菊，它原本只做綠肥之用，不久之後即將隨機器翻土而沒入地裡。當天下午，我們即臨時改變課程而染起萬壽菊來。

　　萬壽菊的花朵與枝葉可以分別染色，花朵的顏色為鮮黃色系，而枝葉的顏色則與其他菊科枝葉所染者大致相仿，皆為黃中帶綠味或黃中帶褐的色調。

　　其染色方法如下：

1. 採集萬壽菊花朵，加入適量清水，於不鏽鋼鍋中煎煮萃取色素，萃取時間為水沸後半小時，共萃取兩回。
2. 萃取後的染液經細網過濾後，調和在一起作染浴。
3. 被染物先浸透清水，擰乾、打鬆後投入染浴中升溫染色，升溫的速度不宜過快，煮染的時間約為染液煮沸後半小時。
4. 取出被染物，擰乾後進行媒染半小時。
5. 經媒染後的被染物再入原染浴中染色半小時。
6. 煮染之後，被染物可放在染鍋中待冷，再取出水洗、晾乾而成。

染材名稱：萬壽菊（花朵）	採集季節：十月	染材用量：150%

染色布樣：蠶絲

染色布樣：棉布

無媒染

日晒堅牢度
★★★★★
水洗堅牢度
★★

無媒染

日晒堅牢度
★★★★
水洗堅牢度
★★★

石灰

日晒堅牢度
★★★★★
水洗堅牢度
★★

石灰

日晒堅牢度
★★★★
水洗堅牢度
★★★

醋酸鋁

日晒堅牢度
★★★★★
水洗堅牢度
★★

醋酸鋁

日晒堅牢度
★★★★
水洗堅牢度
★★★

醋酸錫

日晒堅牢度
★★★★
水洗堅牢度
★★

醋酸錫

日晒堅牢度
★★★★
水洗堅牢度
★★★

醋酸銅

日晒堅牢度
★★★★★
水洗堅牢度
★★★

醋酸銅

日晒堅牢度
★★★★★
水洗堅牢度
★★★

醋酸鐵

日晒堅牢度
★★★★★
水洗堅牢度
★★★

醋酸鐵

日晒堅牢度
★★★★★
水洗堅牢度
★★★

大地之華 （續）

【墨水樹】

學　名：*Haematoxylon campechianum* L.
科屬名：蘇木科墨水樹屬
別　名：洋森木、洋蘇木、黑水樹

本土分布： 為引進樹種，目前栽種尚不普遍
世界分布： 原產於中美洲哥倫比亞、西印度
用　　途： 庭園樹、藥用、染料
染色取材： 樹幹
植物生態：

　　墨水樹為常綠性喬木，幹皮黑褐色，有縱向溝裂，葉脈有銳刺，偶數羽狀複葉，小葉對生， 2 - 4 對，倒卵形，先端平或凹，基部楔形，長約 2.5 公分。花腋生，總狀花序，花密生成穗，花瓣黃色，有香氣。莢果扁平而呈彎刀形，長約 3 公分，褐色，內含種子 1 - 3 粒。其心材為紫褐色，含蘇木精素，其浸出液為紫或黑色染料。

墨水樹的小枝葉中藏有尖刺

墨水樹的扁平莢果

文獻集解：

在天然黑色的染料中，除了漆樹之外，大概很少染料能和墨水樹比美。日本《草木染染料植物圖鑑》中記載「……邊材雖然沒有價值，但心材呈紫褐色，做為毛、絲、棉、麻之染料，依媒染劑染出紫色、綠色等，但是最多的是用於黑色，其色澤如天鵝絨，古代是將邊材削去，只心材出口，現在在產地設立工廠，做出精（染精）出口。……曾有少量做為收斂劑用，做染料或顯微鏡用色素是很重要的。」

日據時代台灣總督府殖產局林業試驗場曾於恆春林業試驗支場進行染料林木之試驗，並有試驗報告傳世。其中對墨水樹從播種栽培到染色試驗皆有完整之報告，茲列其中最重要的研究總結如下：

「一、墨水樹對本島南部與東部的氣候與土壤適應良好。

二、種子栽種之後三到五年結實，所結之實發芽率在75--90%左右。

三、插木與壓條兩種方法也可以繁殖。

四、苗木在移植時的存活率為90%上下。

五、苗木的初年生長較其他林木迅速，與西印度群島的成長情況類似。

六、心材所含色素為染色林木中色素最多者，恆春所產的固形萃取物生產率為16.05%，其色素生產率與染色力較之中美洲原產地並無太大差異。」

民國78年版《台中縣志·生物篇·經濟作物》中也列有墨水樹條目，其敘述為「心材之紫黑色煮液為絹毛類之染色原料，又為顯微鏡技術上之重要染色劑。」

《台灣樹木誌》亦記載「心材紫褐色，含天然染色劑蘇木精色素（Haematoxylin）。」

大地·華（續）

墨水樹的老樹幹

墨水樹的樹幹心材富含色素

染色記事：

六年前，任教於中興大學森林系的張豐吉教授曾帶我們到他們系館旁拍攝幾棵栽種數十年的老墨水樹，臨走時，張教授還送我們一段墨水樹的心材讓我們帶回試染，這才讓我們初次體驗到「天鵝絨黑」的美麗。

後來我們得知恆春熱帶植物園裡也有一些日據時代即栽種的墨水樹，便興沖沖地想前往瞭解。當我們的小車開進植物園的牌樓後不久，就在路邊發現了一片墨水樹林，這片樹林即為日據時代所栽種者，後來進了園區前往拜會所長，所長先帶我們去庫房邊的戶外看一堆老木頭，仔細一瞧，原來全是粗大的墨水樹幹，所長說那是被山老鼠砍倒後沒偷成才拖回來的，南部的山老鼠以為它們是具有藥效的蘇枋，殊不知墨水樹與蘇枋其實完全不同，而被帶走的墨水樹也不知將危害多少病人？

其染色方法如下：

1. 量秤刨碎的墨水樹心材，加入適量清水，於不鏽鋼鍋中煎煮萃取色素，萃取時間為水沸後一小時，共萃取三至四回。
2. 萃取後的染液經細網過濾後，調和在一起作染浴。
3. 被染物先浸透清水，擰乾、打鬆後投入染浴中升溫染色，升溫的速度不宜過快，煮染的時間約為染液煮沸後半小時。
4. 取出被染物，擰乾後進行媒染半小時。
5. 經媒染後的被染物再入原染浴中染色半小時。
6. 為避免產生染斑，煮染之後，被染物取出水洗、晾乾而成。

染材名稱：墨水樹幹材	採集季節：五月	染材用量：100％

染色布樣：蠶絲

無媒染

日晒堅牢度
★★★★

水洗堅牢度
★★

染色布樣：棉布

無媒染

日晒堅牢度
★★★

水洗堅牢度
★

石灰

日晒堅牢度
★★★★★

水洗堅牢度
★★

石灰

日晒堅牢度
★★★

水洗堅牢度
★★

醋酸鋁

日晒堅牢度
★★★

水洗堅牢度
★★

醋酸鋁

日晒堅牢度
★★★★

醋酸錫

日晒堅牢度
★★

水洗堅牢度
★★

醋酸錫

日晒堅牢度
★★★

水洗堅牢度
★★

醋酸銅

日晒堅牢度
★★★★★

水洗堅牢度
★★★★

醋酸銅

日晒堅牢度
★★★★★

水洗堅牢度
★★★★

醋酸鐵

日晒堅牢度
★★★★

水洗堅牢度
★★

醋酸鐵

日晒堅牢度
★★★★★

水洗堅牢度
★★★★

【合歡】

學　名：*Albizia julibrissin* Durazz.
科屬名：豆科合歡屬
別　名：夜合樹、夜合槐、夜關門、絨樹

本土分布：台灣山地海拔 600 - 1800 公尺間的山谷、山坡砂礫地。

世界分布：中國、日本、印度、熱帶非洲、台灣、朝鮮

用　　途：花、樹皮可入藥，植株適合當庭園樹、行道樹，木材可當建材。

染色取材：枝葉

植物生態：

　　合歡為落葉性喬木，樹幹灰褐色或灰色，樹冠茂盛擴展，枝葉濃密。葉為二回偶數羽狀複葉，互生，托葉為線狀披針形，柄 3 - 5 公分，羽片 5 - 15 對，小葉 10 -30 對，小葉片長橢圓形，長 0.6 - 1.2 公分，先端短尖，基部楔形，不對稱，全緣，小葉白天開放，夜間閉合，故有「夜合」、「夜關門」之稱。頭狀花序聚生於枝端，花為紅、白間之漸層色，花冠漏斗狀，被柔毛，雄蕊多數，基部聯合，花絲長 2 - 3 公分，上部淡紅色。莢果為扁平條狀，長 10 - 15 公分，淡褐至黃褐色，內含褐色種子多粒。

合歡葉為二回偶數羽狀複葉，小葉形小。

文獻集解：

　　李時珍在《本草綱目》中引諸家之言而有「恭曰：此樹葉似皂莢及槐，極細，五月花發紅白色，上有絲茸，秋實作莢子，極薄細，所在山谷有之，今東西京第宅山池間亦有種者，名曰合昏。頌曰：今汴洛間皆有之，人家多植於庭除間，木似梧桐，枝甚柔弱，葉似皂角，極細而繁密，互相交結，每一風來，輒自相解了，不相牽綴，采皮及葉用，不拘時月。宗奭曰：合歡花，其色如今之醮暈線，上半白，下半肉紅，散垂如絲，為花之翼，其綠葉至夜則合也，嫩時煠熟水淘，亦可食。」

　　《台灣樹木誌》記曰：「分布日本、印度以至非洲熱帶。台灣、中央山脈有野生立木。」《台灣樹木解說（二）》記有：「樹皮入藥，有解鬱、和血、寧心、消腫等功效。」

　　《原色台灣藥用植物圖鑑（3）》於成份中記有「樹皮含皂苷，鞣質。葉含鞣質，……。」日本寺村祐子所著的《續・ウールの植物染色》一書中即有合歡條目，在「分布」中記有「印度、台灣、本州、四國、九州的山野自生。」其所染色彩為鮮黃至黃褐系列，因其色美，故採集試之。

合歡種類眾多，枝葉皆可染色，圖為蘇利南合歡。

染色記事：

　　有些植物染料可以輕易地從外觀來判斷其染色後的色調，像槐花蕾染黃，決明子染黃褐，葡萄皮染紫等；有些無法以枝葉外觀判斷，卻可由開花結果的顏色作聯想的，如福木葉染黃、芒果幹染橙黃、咖啡葉染褐等；但也有些從其生態外觀是難以判斷的，像蘇木幹材染紅、山漆葉染黑和合歡枝葉染黃，皆屬無跡可循者。合歡小葉細碎而綠，開花如粉撲而粉紅，枝葉斷折處也沒有黃色的汁液，卻可染出鮮黃的顏色。事實上，色素的誘發與呈現是很奇妙的，它是很複雜的化學變化，不是一般的外觀現象而已。

　　合歡枝葉染色方法如下：

1. 採集生鮮合歡枝葉，將它切細，加入適量清水，於不鏽鋼鍋中煎煮萃取色素，萃取時間約為水沸後四十分鐘，共萃取兩回。

2. 萃取後的染液經細網過濾後，調和在一起作染浴。

3. 被染物先浸透清水，擰乾、打鬆後投入染浴中升溫染色，升溫的速度不宜過快，煮染的時間約為染液煮沸後半小時，煮染期間要不停攪動，才不會形成染斑。

4. 取出被染物，擰乾後進行媒染半小時。

5. 經媒染後的被染物再入原染浴中染色半小時。

6. 為避免出現染斑，煮染之後，被染物取出水洗、晾乾而成。

染材名稱：合歡枝葉	採集季節：七月	染材用量：500%

染色布樣：蠶絲

無媒染

日晒堅牢度
★★★★
水洗堅牢度
★

石灰

日晒堅牢度
★★★★
水洗堅牢度
★

醋酸鋁

日晒堅牢度
★★★★
水洗堅牢度
★

醋酸錫

日晒堅牢度
★★★★
水洗堅牢度
★

醋酸銅

日晒堅牢度
★★★★★
水洗堅牢度
★★

醋酸鐵

日晒堅牢度
★★★★★
水洗堅牢度
★★

染色布樣：棉布

無媒染

日晒堅牢度
★★★★
水洗堅牢度
★★

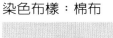

石灰

日晒堅牢度
★★★★
水洗堅牢度
★

醋酸鋁

日晒堅牢度
★★★★
水洗堅牢度
★

醋酸錫

日晒堅牢度
★★★★
水洗堅牢度
★

醋酸銅

日晒堅牢度
★★★★★
水洗堅牢度
★★

醋酸鐵

日晒堅牢度
★★★★★
水洗堅牢度
★★

【檄樹】

學　名：*Morinda citrifolia* Linn.
科屬名：茜草科羊角藤屬
別　名：水冬瓜、海巴戟天、椿根

本土分布：恆春墾丁、綠島、蘭嶼海岸
世界分布：熱帶亞洲、澳洲、太平洋諸島
用　　途：果可食、根莖可當染料
染色取材：幹材、根部
植物生態：

　　檄樹是熱帶海岸地區才能見到的常綠性小喬木，幹皮灰褐色，老幹有縱向裂痕，小枝四稜形，呈淡綠色，葉對生，橢圓形或長卵形，長約 20 - 30 公分，全緣，葉面光滑無毛，顏色翠綠飽滿。頭狀花序，總梗單一，花白色。聚合果球形或橢圓形，徑約 4 公分，內為漿質，熟時呈黃白色。果內具有氣室，能浮於水面而傳播至遠處，以繁衍其後代。

橄樹開花結果

文獻集解：

《台灣樹木誌》記載：「……聚合果漿質，由潮流傳佈。產恆春海岸及蘭嶼。分布熱帶亞洲、澳洲及太平洋諸島。根供黃色染料。果可食。」

鄭元春著的《特用植物》中，在用途上記有：「樹皮可提取紅色染料，根部則可提煉黃色染料。」

日據時代，台灣總督府殖產局林業試驗場特別報告《染料林木ニ關スル試驗報告》記載：「印度、緬甸等地特別栽種並以其根部作為染料之用，它的根皮製出的染料染黃色，皮為紅色染料，波里尼西亞土著也有當染料使用，印度馬德拉斯用來染頭巾，中南半島土著用它的果實作下痢藥用。」及「從染材的各部位萃取50%的固形物作染液，用以染毛織物及絲織品，以根皮萃取者染鮮明的淡黃色，以根材萃取者染濃橙色。有皮的根材染橙色，鐵鹽類媒染可染黑色，其他媒染可得不同顏色。幹部的染色力薄弱，幹材可得淡橙色，雖然根部的染色力比較顯著，幹皮的染色力微弱，但也可以染淡黃色，幹部用來作為染料比較沒有價值。」等記錄，可見當時即有過深入的研試比對。

大地之華
（續）

橄樹葉形大而茂盛，四季皆呈翠綠色。

染色記事：

　　很多年前，我曾在電視上看到關於巴里島的染織介紹，其中有一段是在介紹當地人將一種樹根的碎屑熬汁，經發酵後再染色的方法，當時紀錄片並沒有明確的說明那是何種植物，只有呈現其加工過程與深紅的染色結果。

　　七年前閱讀日本山崎青樹的著作，其中有專篇介紹琉球的「八重山青木」，他還提到這也是印尼巴里島的傳統染料，這才讓我想起以前在影片所見的印象。經查「八重山青木」即中文的「橄樹」，橄樹在台灣只有在恆春半島才有，所以只有南下恆春找尋，當我們找到橄樹時，因乏挖根的工具而僅砍了幾根幹材回來試驗，因此只染出橙色而未得深紅的顏色，誠然有些可惜。

　　其枝幹染色方法如下：

1. 採集橄樹幹材，用柴刀將它削成薄片，加入適量清水，於不鏽鋼鍋中煎煮萃取色素，萃取時間約為水沸後一小時以上，共萃取兩回。
2. 萃取後的染液經細網過濾後，調和在一起作染浴。
3. 被染物先浸透清水，擰乾、打鬆後投入染浴中升溫染色，升溫的速度不宜過快，煮染的時間約為染液煮沸後半小時，煮染期間要不停攪動，才不會形成染斑。
4. 取出被染物，擰乾後進行媒染半小時。
5. 經媒染後的被染物再入原染浴中染色半小時。
6. 為避免出現染斑，煮染之後，被染物不要存放在染鍋中待冷，直接取出水洗、晾乾而成。
7. 注意事項：若欲使所染的顏色多些紅味，可以先將染液煮好，存放兩、三天令其氧化後再行染色。

染材名稱：橄樹幹材	採集季節：五月	染材用量：200%

染色布樣：蠶絲

無媒染

日晒堅牢度
★★★★★
水洗堅牢度
★★★★

石灰

日晒堅牢度
★★★★★
水洗堅牢度
★★★★

醋酸鋁

日晒堅牢度
★★★★
水洗堅牢度
★★★★

醋酸錫

日晒堅牢度
★★★★★
水洗堅牢度
★★★

醋酸銅

日晒堅牢度
★★★★★
水洗堅牢度
★★★★

醋酸鐵

日晒堅牢度
★★★★★
水洗堅牢度
★★★★

染色布樣：棉布

無媒染

日晒堅牢度
★★★
水洗堅牢度
★★★★

石灰

日晒堅牢度
★★★
水洗堅牢度
★★★★

醋酸鋁

日晒堅牢度
★★★★
水洗堅牢度
★★★

醋酸錫

日晒堅牢度
★★★★
水洗堅牢度
★★★

醋酸銅

日晒堅牢度
★★★★★
水洗堅牢度
★★★★

醋酸鐵

日晒堅牢度
★★★★
水洗堅牢度
★★★★

【大葉桃花心木】

學　　名：*Swietenia macrophylla* King.
科屬名：楝科桃花心木屬
別　　名：

本土分布：中南部及東部常見栽培
世界分布：原產於西印度及中南美洲
用　　途：為優良之傢具與裝潢材料，樹皮可入藥，樹皮、枝葉亦可當染料。
染色取材：枝葉
植物生態：

　　桃花心木為常綠性之大喬木，株高可達三十公尺，樹幹通直，樹皮褐色。葉互生，偶數羽狀複葉，具長柄。小葉 3 - 7 對，亦具柄，葉片斜卵形，長約 6 - 20 公分，先端漸尖而至銳尖，花小，腋生或頂生，花瓣倒披針形。蒴果卵形，長約 16 公分，徑約 8 - 10 公分，土黃或咖啡色，五室，果熟時縱裂為五片，內藏種子50 - 60 粒。種子扁平，呈淡黃色，具有薄翅，可藉風力飄送繁殖。

大葉桃花心木的頂生蒴果呈土黃色

文獻集解：

　　《台灣樹木解說（五）》記載：「台灣的大葉桃花心木是在1909年開始引進自中美洲的宏都拉斯，最初栽種於墾丁的林業試驗所恆春分所，因生長快速，其後推廣普遍栽種於台灣中南部各地，……。大葉桃花心木是世界著名用材樹種，木材淡紅褐色，質地細緻而具光澤，木理美麗，是製造高級家具之良材，因生長快速，栽種容易，亦為良好景觀樹種。」

　　《原色台灣藥用植物圖鑑（2）》在同屬的桃花心木記曰：「樹皮含單寧。」及「（1）本種與同屬之大葉桃花心木在外觀形態上兩者均極酷似，惟本種之葉片、果實及種子皆較小。（2）樹幹通直，心材赤褐色，質堅緻而有美麗的光澤，為優良的家具及室內裝潢材料。」

大地之華（續）

大葉桃花心木的生葉與落葉皆可染色

染色記事：

　　我已在台南藝術大學上了五年的課，五年來，我們每學期都會安排多次戶外認識植物與採集課程，官田鄉及附近的丘陵地區正是我們的戶外教室。

　　學校內外到處都可以見到桃花心木，所以桃花心木鮮葉就成為我首批研試的目標。桃花心木為落葉樹種，到了冬天，所有葉片會落得精光，有一回，一位研究生為取其落葉的葉脈纖維而問我去葉肉的方法，我說可用鹼劑熬煮之後再浸漚製取，同時請他在取纖維前兼作染色試驗。下週當我踏入工作室時，那同學就迫不及待地告訴我落葉染色試驗的捷報，的確，桃花心木的落葉可染出很濃的紅褐與暗褐，它的顏色比綠葉所染的還深。

　　大葉桃花心木鮮葉或落葉的染色過程如下：

1. 收集大葉桃花心木葉，將它切細，加入適量清水，於不鏽鋼鍋中煎煮萃取色素，萃取時間約為水沸後一小時，共萃取兩回。
2. 萃取後的染液經細網過濾後，調和在一起作染浴。
3. 被染物先浸透清水，擰乾、打鬆後投入染浴中升溫染色，升溫的速度不宜過快，煮染的時間約為染液煮沸後半小時，煮染期間要不停攪動，才不會形成染斑。
4. 取出被染物，擰乾後進行媒染半小時。
5. 經媒染後的被染物再入原染浴中染色半小時。
6. 為避免出現染斑，煮染之後，被染物不要存放在染鍋中待冷，直接取出水洗、晾乾而成。

染材名稱：大葉桃花心木枝葉	採集季節：十一月	染材用量：400%

染色布樣：蠶絲

無媒染

日晒堅牢度
★★★★
水洗堅牢度
★★

石灰

日晒堅牢度
★★★★
水洗堅牢度
★★

醋酸鋁

日晒堅牢度
★★★★
水洗堅牢度
★★

醋酸錫

日晒堅牢度
★★★
水洗堅牢度
★★

醋酸銅

日晒堅牢度
★★★★★
水洗堅牢度
★★★

醋酸鐵

日晒堅牢度
★★★★
水洗堅牢度
★★★

染色布樣：棉布

無媒染

日晒堅牢度
★★★★
水洗堅牢度
★★

石灰

日晒堅牢度
★★★★
水洗堅牢度
★★★

醋酸鋁

日晒堅牢度
★★★★★
水洗堅牢度
★★★

醋酸錫

日晒堅牢度
★★★★
水洗堅牢度
★★

醋酸銅

日晒堅牢度
★★★★
水洗堅牢度
★★★★

醋酸鐵

日晒堅牢度
★★★★★
水洗堅牢度
★★★

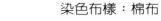

大地之華（續）

【台灣赤楊】

學　名：*Alnus formosana* (Burk.) Mak.
科屬名：樺木科赤楊木屬
別　名：台灣赤楊木、水柯仔、水柯柳

本土分布：全島平地至二千九百公尺之山區
世界分布：琉球、台灣
用　　途：紙漿、香菇材、水土保持植物
染色取材：枝葉
植物生態：

　　台灣赤楊為落葉性喬木，樹高可達二十公尺，為開墾地或崩塌地常見的先驅性植物，故為優良的水土保持植物。樹幹挺直，樹皮平滑，為暗灰褐色。葉互生，紙質，卵形或長橢圓形，具細鋸齒緣，葉片長約 10 公分。花為單性，雌雄同株，雄花為葇荑花序，雌花為穗狀花序，暗紅色，果為毬果狀，橢圓形，由雌花序發育而成，長約 2 公分，種子長約 0.3 公分，種皮為膜質。

赤楊葉互生、紙質、具細鋸齒緣

赤楊的毬果生在小枝上

文獻集解：

　　赤楊又名榛木，日本山崎青樹先生在《草木染染料植物圖鑑》中引《延喜式》之言：「上野國……榛布三十五端。」、「下野國……榛布十端。」並謂「從古就使用幹材、樹皮、果實作為染料來用，可是使用枝葉也可以做出相同的染色。……。」

　　《台灣樹木誌》記曰：「產大陸及台灣，為第二期森林即（及）開墾跡地或崩壞地之主要樹種。從平地以至海拔2500m，分布東亞。本屬植物根部發達，有根瘤菌，能固定空氣中氮素，有改良土壤之效。台灣原住民（達耶魯族）祖先遺訓謂於墾植三年後，栽植赤楊，10-15年後再耕，土壤變肥沃。樹為肥料木，材供加工。」

　　陳運造先生所著的《野生觀賞植物（一）》記其特性曰：「陽性樹，對環境的抵抗力強，不論潮濕乾燥，土質肥脊（瘠）均生長良好。」記其用途曰：「庭植觀賞，亦作防風樹，同時為造林和水土保持重要樹種。材供製紙漿和栽培香菇及白木羊（耳）之段木。」

赤楊的枝葉也可用來染色

日本人稱赤楊之果為「矢車附子」，為良好染材

染色記事：

我的大學同學張元鳳教授以前留學日本學習古物修護，對於絹布染舊的方法有一些研究心得，而她們所用的染色材料也多半購自日本。

去年她從日本帶了兩包染料請學生轉送給我，其中一包為「矢車附子」，「矢車」非一般性產品，多數國人皆不知其為何物？日名「矢車」即榛木，矢車附子即榛木之子，榛木為赤楊屬植物，所以「矢車附子」就是赤楊所結之果。

後來我碰到張老師，她告訴我日本修護時所用的絹布染舊主要是用「矢車附子」煎汁浸染，她問我台灣有矢車否？我告訴她：「台灣有很多，但是買不到。」原來台灣赤楊多生長在中低海拔山區，因其繁殖力與生命力皆強，所以經常可見成片的生長。但因國人不知赤楊為良好染料，所以赤楊果也就只能在山區自生自滅，並不曾在台灣成為具有經濟性的商品。

赤楊的枝葉也可以染色，它的採集比赤楊果容易得多，為了推廣的方便性考量，我們還是選擇以枝葉為優先。染色方法如下：

1. 採集赤楊枝葉，將它切細，加入適量清水，於不鏽鋼鍋中煎煮萃取色素，萃取時間約為水沸後一小時，共萃取兩回。
2. 萃取後的染液經細網過濾後，調和在一起作染浴。
3. 被染物先浸透清水，擰乾、打鬆後投入染浴中升溫染色，升溫的速度不宜過快，煮染的時間約為染液煮沸後半小時，煮染期間要不停攪動，才不會形成染斑。
4. 取出被染物，擰乾後進行媒染半小時。
5. 經媒染後的被染物再入原染浴中染色半小時。
6. 為避免出現染斑，煮染之後，被染物不要存放在染鍋中待冷，直接取出水洗、晾乾而成。

染材名稱：台灣赤楊枝葉	採集季節：七月	染材用量：650%

染色布樣：蠶絲

無媒染

日晒堅牢度
★★★★

水洗堅牢度
★★

染色布樣：棉布

無媒染

日晒堅牢度
★★★★★

水洗堅牢度
★★★

石灰

日晒堅牢度
★★★★

水洗堅牢度
★★

石灰

日晒堅牢度
★★★★

水洗堅牢度
★★★

醋酸鋁

日晒堅牢度
★★★★

水洗堅牢度
★★

醋酸鋁

日晒堅牢度
★★★★★

水洗堅牢度
★★★

醋酸錫

日晒堅牢度
★★★★

水洗堅牢度
★★★

醋酸錫

日晒堅牢度
★★★★

水洗堅牢度
★★★

醋酸銅

日晒堅牢度
★★★★

水洗堅牢度
★★

醋酸銅

日晒堅牢度
★★★★

水洗堅牢度
★★★★

醋酸鐵

日晒堅牢度
★★★★★

水洗堅牢度
★★★

醋酸鐵

日晒堅牢度
★★★★★

水洗堅牢度
★★★★

【茄苳】

學　名： *Bischofia javanica* Blume
科屬名： 大戟科重陽木屬
別　名： 重陽木、紅桐、赤木、秋楓

本土分布： 台灣平地至海拔七百公尺之山麓常見，庭園及路樹亦多見。
世界分布： 中國華中、華南、越南、印度、印尼、馬來西亞、菲律賓、日本、琉球、太平洋諸島、澳洲等地。
用　　途： 行道樹，庭園樹，幹材做建築、造船、橋樑、枕木等用，樹皮及葉供藥用。
染色取材： 枝葉
植物生態：

　　茄苳為常綠或半落葉性之大喬木，樹幹多彎曲糾結，枝葉濃密。葉互生，具長柄，掌狀三出複葉，小葉亦有柄，葉片為卵形至橢圓形，長約 7 - 15 公分，先端漸尖，基部楔形，具粗鈍鋸齒緣，革質。雌雄異株，圓錐花序，花小，呈淡黃綠色，漿果為球形，徑約 1 - 1.5 公分，熟時為褐色，多汁可食具酸澀味，內有種子 3- 4 粒。

茄苳結果

茄苳幹材亦可染色

文獻集解：

　　茄苳為台灣重要的本土樹種，故早期志書記載較多，康熙五十六年本的《諸羅縣志》記曰：「加冬樹葉似冬青，子亦如之，大者陰可數畝。」康熙五十九年本的《台灣縣志》載：「加冬樹，樹高大，垂陰如榕，台產甚多。」道光十六年版的《彰化縣志》則記：「加苳性極堅重，入水經久不朽，作器具不用漆，木色自佳。」

　　洪丁興所著《台南縣鄉土植物》記其習性為「喜日光和濕潤土壤，耐水濕，常見於平地至山麓，山谷疏林濕地或水邊。」記其利用為：「為優良的行道樹和遮陰樹；果可食，會誘鳥。木材可供建築、橋樑、車輛、造船及枕木等用；果可釀酒，樹皮和葉供藥用。嫩葉墊和蓋雞或虱目魚烹幾個小時後供食用，據說有開胃、開脾的功效，小孩吃了有助發育。」

茄苳樹葉

染色記事：

　　有天下午，我們在樓上染完一組試布後，正為次日工作內容傷腦筋時，樓下忽然傳來一陣熟悉得可以跟拍背誦的叫賣聲：「茄苳！茄苳！茄苳雞來嘍！茄苳雞吃了會健胃開脾，茄苳雞吃了會提神補腦……」

　　起初我還為這擾人的叫賣聲覺得厭煩，不過一剎那間我的思緒就產生了轉折，我先想茄苳雞到底是用茄苳的什麼部位燉熬？然後又想到樓下公園中有很多茄苳，茄苳的採集很容易，所以就立刻查閱茄苳的相關資料，從植物分類得知茄苳屬於大戟科，我想大戟科植物可用以染色的不少，不妨明日就近採來試試，就這樣又發現了另一種可用的染材，真是偶然。

　　其染色方法如下：

1. 採集茄苳枝葉，將它切細，加入適量清水，於不鏽鋼鍋中煎煮萃取色素，萃取時間約為水沸後一小時，共萃取兩回。
2. 萃取後的染液經細網過濾後，調和在一起作染浴。
3. 被染物先浸透清水，擰乾、打鬆後投入染浴中升溫染色，升溫的速度不宜過快，煮染的時間約為染液煮沸後半小時，煮染期間要不停攪動，才不會形成染斑。
4. 取出被染物，擰乾後進行媒染半小時。
5. 經媒染後的被染物再入原染浴中染色半小時。
6. 為避免出現染斑，煮染之後，被染物直接取出水洗、晾乾而成。
7. 注意事項：茄苳為落葉性樹種，春季嫩葉新出，色素含量較少，染色最好選在盛夏之後、落葉之前採集，其色素含量較多。

| 染材名稱：茄苳枝葉 | 採集季節：六月 | 染材用量：600% |

染色布樣：蠶絲

無媒染

日晒堅牢度
★★★★
水洗堅牢度
★★★

石灰

日晒堅牢度
★★★★
水洗堅牢度
★★★★

醋酸鋁

日晒堅牢度
★★★★
水洗堅牢度
★★★★

醋酸錫

日晒堅牢度
★★★
水洗堅牢度
★★★

醋酸銅

日晒堅牢度
★★★★
水洗堅牢度
★★★★

醋酸鐵

日晒堅牢度
★★★★★
水洗堅牢度
★★★★

染色布樣：棉布

無媒染

日晒堅牢度
★★★★
水洗堅牢度
★★

石灰

日晒堅牢度
★★★★
水洗堅牢度
★★★

醋酸鋁

日晒堅牢度
★★★★
水洗堅牢度
★★★

醋酸錫

日晒堅牢度
★★★★
水洗堅牢度
★★★

醋酸銅

日晒堅牢度
★★★★
水洗堅牢度
★★★

醋酸鐵

日晒堅牢度
★★★★
水洗堅牢度
★★★

【薑黃】

學　名：*Curcuma longa* Linn.
科屬名：薑科薑黃屬
別　名：姜黃、黃薑、寶鼎香

本土分布：中南部山區栽培，部份成野生，也有些為庭院栽植。

世界分布：中國華中、華南、印度、琉球、馬來西亞、印尼等地。

用　途：花枝供觀賞花材、庭園造景、根莖藥用及作染料

染色取材：根莖

植物生態：

　　薑黃為多年生宿根性的草本植物，根莖肥大，形狀與生薑極相似，各節橢圓形或長橢圓形，裡面為黃色或橙色，根莖即為藥用及染料使用之部位。葉根生，4至6枚聚生，長鞘柄，葉片為橢圓或長橢圓形，長約20至45公分，寬約5至15公分，先端漸尖，基部漸狹，粗大的主脈自鞘柄延至葉背，平行側脈羽狀斜出。穗狀花序稠密，苞片闊卵形，各苞片中含小花數朵，花開自下而上，頂端苞片呈白色或白中帶淺紅，花冠管為淺黃綠色，中為蛋黃色。蒴果膜質，球形，三瓣裂。

薑黃葉形似薑而寬大

薑黃開黃白色的花

文獻集解：

唐蘇恭曰：「薑黃根葉都似鬱金，其花春生於根，與苗並出，入夏花爛無子，根有黃青白三色，其作之方法與鬱金同，西戎人謂之蒁，其味辛少苦多，亦與鬱金同，惟花生異耳。」

唐陳藏器的《本草拾遺》載：「薑黃真者是經種三年以上老薑。能生花，花生根際，一如蘘荷。根節緊硬，氣味辛辣，西蕃亦有來者，與鬱金蒁藥相似。……而今鬱金味苦寒，色赤，主馬熱病。薑黃味辛溫，色黃。蒁味苦，色青。三物不同。」

李時珍在《本草綱目》曰：「近時以扁如乾薑形者為片子薑黃，圓如蟬腹形者為蟬肚鬱金，並可浸水染色，蒁形雖似鬱金而色不黃也。」

《台灣通史》記有：「薑黃葉如薑，花白成莖狀，若雞毛撣，根可染黃，……。」近代孟心如所著的《植物色素》云：「薑黃色素能直接染著於未經媒染之棉，呈黃色，此外又能染毛及絲。雖其耐光及耐鹼性極弱，但在我國仍多應用以染絲、紙、木料及食物等等。……」

薑黃的塊莖

薑黃乾片

染色記事：

　　有次我在一個研習班上，拿出幾塊薑黃放在桌上，告訴學員們說：「這是今天我們要染色的材料，大家對它都很熟悉吧！」學員們面面相覷，還問我「是用老薑嗎？嫩薑行不行？」我只好把其中一塊薑黃折斷，並指著斷裂的內層告訴大家「這叫薑黃，俗稱黃薑，它的肉質鮮黃，不是淡色的生薑。」這時同學都湊近來看，才發現果然和生薑有些不同。

　　我說：「薑黃不但可以染色，也是著名的食用色素，將它摻在白米中蒸煮，可以煮出黃橙橙的香飯，不知那位同學吃過？在座同學都沒把握地搖頭。情勢至此，我只有揭開謎底：「其實大家都吃過，只是不曾追索而已，薑黃飯就是咖哩飯，薑黃磨粉就是咖哩的主要成份。」說完即轉身去升火煮水，只聽到同學們還不停地說「真的嗎？」、「我從沒想過欸！」、「有香味！」、「很開胃。」

　　薑黃染色方法如下：

1. 量秤適量的薑黃塊莖，將它切成薄片（或以中藥行購買的乾片亦可），加入適量清水，於不鏽鋼鍋中煎煮萃取色素，萃取時間約為水沸後四十分，共萃取二至三回。

2. 萃取後的染液經細網過濾後，調和在一起作染浴。

3. 被染物先浸透清水，擰乾、打鬆後投入染浴中升溫染色，升溫的速度不宜過快，煮染的時間約為染液煮沸後半小時，煮染期間要不停攪動，才不會形成染斑。

4. 取出被染物，經水洗、晾乾而成。

5. 注意事項：薑黃為單色性色素，其色素屬直接性染料，直接性染料並不需媒染劑媒染，即可直接被纖維所吸收。若以媒染性染料染法試染，所得的結果也和無媒染者極相近。

染材名稱：薑黃根莖	採集季節：	染材用量：乾片100%

染色布樣：蠶絲

染色布樣：棉布

無媒染

日晒堅牢度
★
水洗堅牢度
★

無媒染

日晒堅牢度
★★★
水洗堅牢度
★

石灰

日晒堅牢度
★★★
水洗堅牢度
★

石灰

日晒堅牢度
★★★
水洗堅牢度
★

醋酸鋁

日晒堅牢度
★
水洗堅牢度
★

醋酸鋁

日晒堅牢度
★★
水洗堅牢度
★

醋酸錫

日晒堅牢度
★
水洗堅牢度
★

醋酸錫

日晒堅牢度
★★
水洗堅牢度
★

醋酸銅

日晒堅牢度
★★★
水洗堅牢度
★

醋酸銅

日晒堅牢度
★★★
水洗堅牢度
★★

醋酸鐵

日晒堅牢度
★
水洗堅牢度
★

醋酸鐵

日晒堅牢度
★★★
水洗堅牢度
★★

【魯花樹】

學　名：*Scolopia oldhamii* Hance
科屬名：大風子科莿柊屬
別　名：俄氏莿柊、有刺赤蘭

本土分布：台灣全境平地山麓至海岸
世界分布：中國華南、菲律賓
用　　途：圍籬、染色
染色取材：幹材、幹皮
植物生態：

　　魯花樹為常綠小喬木，多分布在海拔 600 米以下的山麓丘陵至海岸的叢林中，性喜乾燥的向陽坡或林間隙地。樹皮平滑，但枝幹上生有銳刺，老幹較少，新枝尤多。葉互生，革質，卵形或長橢圓形，淺鋸齒至近全緣，葉長約 3 - 8 公分，寬約 2 - 4 公分。花兩性，形小，頂生或腋生之聚繖花序，花徑約 0.5 公分，淡黃色。漿果球形，頂端有宿存花柱，初為綠色，後轉橙紅，熟後變紫黑色。

魯花樹枝葉

文獻集解：

《台灣樹木解說（三）》記其分布
為：「產台灣全島平地山麓，分布菲
律賓及琉球。」記其用途為：「材堅
重，為良好之薪炭材；樹冠細緻，耐
乾旱、抗風，有用之為景觀植栽
者。」

魯花樹開花

《墾丁國家公園植物生態簡介》
載：「……（原住民）取相思樹或魯花樹根及莖製黑褐色染料，……。」另《民
俗植物——恆春社頂部落》亦記載：「黑褐色：取相思樹之樹皮或魯花樹之根及
莖，用刀切成小塊狀，加水煮至顏色不再改變，此時之色澤呈褐色。將欲染之衣
服或布料浸於褐色汁液內，待衣料染色均勻了，再放置於泥漿中2-3天後取出，即
呈黑褐色。」

大地之華（續）

魯花樹幹材為優
良的紅褐色染料

染色記事：

　　恆春熱帶植物園的研究人員曾做過近鄰社頂部落的民俗調查，之後編印了一本叫「民俗植物——恆春社頂部落」的冊子，其中即刊登了排灣族人利用魯花樹幹材染色的資料，說明原住民祖先善於就地取材，並具有永續利用自然資源的智慧。

　　魯花樹生長在台灣低海拔山區，社頂部落的原住民因日常生活中經常使用魯花樹（硬木），所以對於物性多所瞭解，才會在建屋的樑柱、生產工具的製作與染色材料上多所運用，古人有言：「君子不器」，意思是說君子不要像器皿一樣，只有固定的用途。由於魯花樹多用途的啟發，也讓我們深覺「生物潛能無限」及「格物在致知」的道理。

　　魯花樹的染色過程如下：

1. 採集魯花樹幹材，以柴刀削成碎片或以鉋刀刨成薄片，加入適量清水，於不鏽鋼鍋中煎煮萃取色素，萃取時間約為水沸後一個小時以上，共萃取兩回。
2. 萃取後的染液經細網過濾後，調和在一起作染浴。
3. 被染物先浸透清水，擰乾、打鬆後投入染浴中升溫染色，升溫的速度不宜過快，煮染的時間約為染液煮沸後半小時，煮染期間要不停攪動，才不會形成染斑。
4. 取出被染物，擰乾後進行媒染半小時。
5. 經媒染後的被染物再入原染浴中染色半小時。
6. 為避免出現染斑，煮染之後，被染物不要存放在染鍋中待冷，直接取出水洗、晾乾而成。
7. 注意事項：魯花樹枝葉與幹材上皆有暗刺，採集時應仔細留意。

| 染材名稱：魯花樹幹材幹皮 | 採集季節：五月 | 染材用量：200% |

染色布樣：蠶絲

無媒染

日晒堅牢度
★★★★

石灰

日晒堅牢度
★★★★
水洗堅牢度
★★

醋酸鋁

日晒堅牢度
★★★★
水洗堅牢度
★★

醋酸錫

日晒堅牢度
★★★★
水洗堅牢度
★★

醋酸銅

日晒堅牢度
★★★★★
水洗堅牢度
★★

醋酸鐵

日晒堅牢度
★★★★
水洗堅牢度
★★

染色布樣：棉布

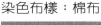

無媒染

日晒堅牢度
★★★★
水洗堅牢度
★★

石灰

日晒堅牢度
★★★★
水洗堅牢度
★★

醋酸鋁

日晒堅牢度
★★★★
水洗堅牢度
★★

醋酸錫

日晒堅牢度
★★★★
水洗堅牢度
★★

醋酸銅

日晒堅牢度
★★★★
水洗堅牢度
★★★

醋酸鐵

日晒堅牢度
★★★★★
水洗堅牢度
★★★

大地之華（續）

【野牡丹】

學　名：*Melastoma candidum* D. Don
科屬名：野牡丹科野牡丹屬
別　名：山石榴、王不留行、九螺仔花

本土分布：全境低海拔山麓及平地極常見。

世界分布：越南、日本、琉球、中國華南

用　　途：綠籬、觀賞、插花花材、藥用

染色取材：枝葉

植物生態：

　　野牡丹為常綠性小灌木，株高約 50 至 150 公分，莖略呈方形，全株被淡褐色的倒伏狀剛毛。葉對生，具短柄，葉片為橢圓形或卵圓形，全緣，葉脈 3 - 7 條，葉長約 5 - 12 公分，先端尖銳，基部圓或鈍。春末至夏季開花，聚繖花序頂生或近於頂生，花瓣五片，為紫紅色或粉紅色，花萼筒壺狀，密被毛茸，果實壺形，外被褐毛，略帶漿質，包在宿存萼中，內藏種子，種子量多而細小。

野牡丹開粉紫色的花

野牡丹結果

文獻集解：

　　《台南縣鄉土植物》對其習性記有：「生長在低海拔山麓之常綠小灌木。」對其利用記曰：「觀賞；果可食，嫩葉及花亦可供食用。中藥名叫「王不留行」。

　　陳運造先生所著的《野生觀賞植物（二）》記其特性為：「陽性樹。生性強，生長快速。抗風耐旱，以種子繁殖。」記其用途為：「庭植為岩石、水池添景樹，亦作綠籬、花壇或盆栽觀賞。花和果枝供花材。根、幹和果均供藥用，有祛傷、消炎、驅風、除濕藥效，乃傷科、肺癰和風溼良藥。」

台灣厚距花亦為野牡丹科植物之一

大地之華（續）

染色記事：

我們家對面不到一公里就是新店的直潭淨水廠，數年前，淨水廠的左側有一大片空地，這片空地經整平後閒置了很多年，這時正是我們積極研究植物染色的期間，那空地上陸續長出的植物就成為我們採集試染的首批材料來源。土地荒廢一兩年後就長出了成片的野牡丹，它的花朵約在春夏之交開放，粉紅帶紫的花瓣在黃綠葉的陪襯下，顯得格外的嬌豔。在它鮮花的色誘下，我們曾期望它能染出紫色來，但染後才發覺難以如願。不

野牡丹枝葉皆可染色

過野牡丹雖染不出紫紅色，卻仍可染出土黃色。土黃雖不像紫紅難得，但也是色彩要角之一，一樣值得我們珍視。 其染色方法如下：

1. 採集野牡丹莖葉，將它切細，加入適量清水，於不鏽鋼鍋中煎煮萃取色素，萃取時間約為水沸後四十分，共萃取兩回。
2. 萃取後的染液經細網過濾後，調和在一起作染浴。
3. 被染物先浸透清水，擰乾、打鬆後投入染浴中升溫染色，升溫的速度不宜過快，煮染的時間約為染液煮沸後半小時，煮染期間要不停攪動，才不會形成染斑。
4. 取出被染物，擰乾後進行媒染半小時。
5. 經媒染後的被染物再入原染浴中染色半小時。
6. 染後取出水洗、晾乾而成。
7. 注意事項：野牡丹在台灣北部約五月開花，開花前應是最恰當的染色時機。

染材名稱：野牡丹枝葉	採集季節：五月	染材用量：500%

染色布樣：蠶絲

無媒染

日晒堅牢度
★★★★
水洗堅牢度
★★★

石灰

日晒堅牢度
★★★★★
水洗堅牢度
★★★★

醋酸鋁

日晒堅牢度
★★★★
水洗堅牢度
★★★

醋酸錫

日晒堅牢度
★★★★
水洗堅牢度
★★★

醋酸銅

日晒堅牢度
★★★★★
水洗堅牢度
★★★★

醋酸鐵

日晒堅牢度
★★★★★
水洗堅牢度
★★★★

染色布樣：棉布

無媒染

日晒堅牢度
★★★★
水洗堅牢度
★★★★

石灰

日晒堅牢度
★★★★★
水洗堅牢度
★★★★

醋酸鋁

日晒堅牢度
★★★★
水洗堅牢度
★★★★

醋酸錫

日晒堅牢度
★★★★
水洗堅牢度
★★★★

醋酸銅

日晒堅牢度
★★★★
水洗堅牢度
★★★★

醋酸鐵

日晒堅牢度
★★★★★
水洗堅牢度
★★★★

大地之華（續）

【月桃】

學　名：*Alpinia speciosa* (Wendl.) K. Schum.
科屬名：薑科月桃屬
別　名：艷山薑、玉桃、艷山紅、良薑、虎子花

本土分布：台灣全境平野至低海拔山區廣為分布
世界分布：中國華南、海南島、日本、琉球、爪哇、馬來西亞、台灣
用　　途：花枝及果供花材，種子可入藥，葉鞘為編織材料，葉片用來包粽子。
染色取材：莖葉
植物生態：

　　月桃為多年生草本植物，株高可達 3 公尺，基部叢生，葉互生，一節一葉，具長葉鞘，葉片呈廣披針形，長 30 - 70 公分，寬 7 - 15 公分，葉緣及中肋緣生細毛。春夏之間開花，花為圓錐花序，頂生而下彎，長約 15 - 40公分，花冠為漏斗形，花萼管狀，唇瓣大而帶黃色，上面具有紅點與條斑。蒴果為球形，表面多縱稜，直徑約 2 公分，熟時為橙紅色，內含多粒種子，種子熟時為淡灰藍色。

月桃開花

月桃結果

文獻集解：

　　月桃是台灣低海拔山區最常見的大型草本植物之一，在古老文獻中，月桃的記述並不算多。清康熙五十六年刊之《諸羅縣志》有「月桃葉似蓮蕉，花黃白色，倒垂，香而濁，一莖可數十蕊，台產五月始開，端午日取其葉以為角黍，摘花插小兒鬢上，又名虎子花。」

　　月桃的根狀莖具有健胃及安胎的藥效，種子為仁丹的主要原料。鄭元春所著的《常見藥草圖說》中說它「渾身是寶，從頭到腳皆有用處。地下剛長出的嫩莖，可切絲或切成薄片，代替嫩薑食用；葉鞘纖維又長又韌，是戶外或野營活動時絕佳的繩索，葉片可拿來包粽子或其他物品；果串是上好的插花材料，可以在花瓶或花器中維持兩週以上；種子香氣濃郁；漂亮的花朵除了觀賞外，還可拿來煮食或油炸食用。」

　　月桃葉是台灣人蒸粿時普遍使用的襯墊材料，民間俗稱「粿葉」，襯它而蒸熟的粿品香味四溢。早年，在瓦楞紙箱尚未普及之前，月桃葉也是很重要的包裝、襯墊材料。

大地之華
（續）

月桃莖葉皆可用來染色

染色記事：

　　有天晚上，我們在電視新聞中看到一則報導，大略是說琉球有位研究玻璃工藝的人，將經過發酵的月桃莖葉加入玻璃之中，結果燒製出來的玻璃容器呈現亮麗的紅橙色調，更神奇的是以這種容器盛裝的清水經久不壞。

　　看過報導之後，我們就在新店住家附近砍了幾棵月桃，將莖桿連同綠葉一併切細熬煮染色，卻也染出了帶有紅橙味的淺褐色來。雖然染布並未能如玻璃般的鮮麗，卻也能呈現出一種優雅的色質。

　　月桃的染色方法如下：

1. 採集生鮮的月桃莖葉，並以菜刀將它切成細段，加入適量清水，於不鏽鋼鍋中煎煮萃取色素，萃取時間為水沸後四十分，共萃取兩回。
2. 各回萃取的染液經細網過濾後，調和在一起作染浴。
3. 被染物先浸透清水，擰乾、打鬆後投入染浴中升溫染色，升溫的速度不宜過快，煮染的時間約為染液煮沸後半小時。
4. 取出被染物，擰乾後進行媒染半小時。
5. 經媒染後的被染物再入原染浴中染色半小時。
6. 煮染之後，被染物取出水洗、晾乾而成。
7. 月桃染色在絲與棉的呈色非常一致，無媒染和鋁、錫媒染呈帶粉紅味的肌膚色，石灰媒染呈中明度的黃咖啡色，銅媒染成較深濃的紅褐色，鐵媒染呈灰褐色。

染材名稱：月桃莖葉	採集季節：七月	染材用量：500%

染色布樣：蠶絲

染色布樣：棉布

無媒染

日晒堅牢度
★★★★★
水洗堅牢度
★★

無媒染

日晒堅牢度
★★★★★
水洗堅牢度
★★

石灰

日晒堅牢度
★★★★
水洗堅牢度
★★

石灰

日晒堅牢度
★★★★★
水洗堅牢度
★★★

醋酸鋁

日晒堅牢度
★★★★★
水洗堅牢度
★★

醋酸鋁

日晒堅牢度
★★★★★
水洗堅牢度
★★★

醋酸錫

日晒堅牢度
★★★★★
水洗堅牢度
★★

醋酸錫

日晒堅牢度
★★★★★
水洗堅牢度
★★★

醋酸銅

日晒堅牢度
★★★★★
水洗堅牢度
★★★

醋酸銅

日晒堅牢度
★★★★★
水洗堅牢度
★★★

醋酸鐵

日晒堅牢度
★★★★★
水洗堅牢度
★★

醋酸鐵

日晒堅牢度
★★★★★
水洗堅牢度
★★★

大地之華（續）

【檬果】

學　名：*Mangifera indica* L.
科屬名：漆樹科檬果屬
別　名：檨仔、芒果

本土分布：全省各地普遍都有種植，中南部尤多。

世界分布：印度、馬來西亞、緬甸等亞洲熱帶地區

用　　途：著名水果，可製果汁、蜜餞、罐頭，植株可當行道樹、庭園樹。

染色取材：枝葉

植物生態：

　　檬果為常綠性大喬木，樹高可達三十多公尺，樹皮灰褐色。葉叢生於枝端，革質，兩面光滑，嫩葉為紅色或黃綠色，老葉則變為深綠色。葉形為長橢圓形或長披針形，全緣，中肋明顯，葉長約 15 - 35 公分。圓錐花序，著生於頂端，花形小，黃色或淺黃色。核果因品種的不同而有很大的差異，一般為腎臟形、橢圓形或倒卵形，果皮有綠色、黃色、橙色及紫紅等色，果肉為黃色或橙黃色，果核扁舌狀，遍覆長纖維。

檬果開花

愛文檬果果實

文獻集解：

檬果河洛話叫「檨」，道光十六年本的《彰化縣誌》記：「檨：紅毛人從日本國移來，有香檨、本檨、肉檨三種，樹高多陰，實如豬腰，皮綠肉黃，盛夏大熟，冬春之交開花，花微白，葉新抽杪，紅若丹楓，老則變綠，其氣辛熱，其味酸甘。」

《台灣樹木解說（五）》記其用途云：「檬果風味絕佳，是熱帶著名水果，在印度視為水果之王，主供生食及製造罐頭、果醬、果汁、蜜餞等；未成熟果實醃製後用於佐餐或當甜食；木材質輕，供製家具及廉價之箱櫃。」

丘應模所著的《台灣的水果》記其產地為：「主要產地有南投縣水里、竹山、台南縣玉井、楠西，高雄縣六龜，屏東縣枋山、枋寮等鄉鎮。」

鄭元春著《特用植物》有載：「樹皮與樹葉可提製黑色染料。」

大地之華（續）

檬果新枝葉模樣

檬果枝葉、幹材、樹皮皆可染色，但以樹皮、幹材為佳。

染色記事：

　　台南縣的東邊丘陵地是台灣主要的檬果產地，除了土檬果外，各種不同品種的檬果都有很大量的栽植。南藝大位於官田鄉的烏山頭水庫旁，我們出了校門，往西至麻豆、佳里、往北至六甲、東山，往南至大內、左鎮，往東至玉井、楠西，沿途到處可見檬果樹影。

　　我常告訴學生，在地人要先認識在地物，在官田學習，我們就從身邊的資源開始做起，官田的染料植物很多，像菱角、荔枝、龍眼、蓮子殼、相思樹、桃花心木都是最常見的植物染材，當然檬果更是觸目皆是的材料，更不可將它忽略。其染色方法如下：

1. 量秤檬果枝幹，將它刨薄片，加入適量清水，並加入水量千分之一的碳酸鉀為助溶劑，於不鏽鋼鍋中煎煮萃取色素，萃取時間約為水沸後一小時以上，共萃取兩回。

2. 萃取後的染液經細網過濾後，調和在一起，並加入適量的冰醋酸將染液調至中性即可染色。

3. 被染物先浸透清水，擰乾、打鬆後投入染浴中升溫染色，升溫的速度不宜過快，煮染的時間約為染液煮沸後半小時，煮染期間要不停攪動，才不會形成染斑。

4. 取出被染物，擰乾後進行媒染半小時。

5. 經媒染後的被染物再入原染浴中染色半小時。

6. 為避免出現染斑，煮染之後，被染物不要存放在染鍋中待冷，直接取出水洗、晾乾而成。

染材名稱：檬果枝葉	採集季節：六月	染材用量：400%

染色布樣：蠶絲

無媒染

日晒堅牢度
★★★★
水洗堅牢度
★★★★

石灰

日晒堅牢度
★★★★
水洗堅牢度
★★★★

醋酸鋁

日晒堅牢度
★★★★★
水洗堅牢度
★★★

醋酸錫

日晒堅牢度
★★★★
水洗堅牢度
★★★

醋酸銅

日晒堅牢度
★★★★★
水洗堅牢度
★★★★

醋酸鐵

日晒堅牢度
★★★★
水洗堅牢度
★★★★

染色布樣：棉布

無媒染

日晒堅牢度
★★★★
水洗堅牢度
★★★

石灰

日晒堅牢度
★★★★
水洗堅牢度
★★★

醋酸鋁

日晒堅牢度
★★★★★
水洗堅牢度
★★★

醋酸錫

日晒堅牢度
★★★★
水洗堅牢度
★★★

醋酸銅

日晒堅牢度
★★★★★
水洗堅牢度
★★★★

醋酸鐵

日晒堅牢度
★★★★
水洗堅牢度
★★★

【呂宋莢蒾】

學　　名：*Viburnum luzonicum* Rolfe
科屬名：忍冬科莢蒾屬
別　　名：紅子仔、紅雞腿、瑪瑙果、圓甘杞

本土分布：本島低海拔山麓及平野
世界分布：菲律賓、中國華南、台灣、中南半島
用　　途：果、枝可當花材，莖、葉當藥用及染料
染色取材：枝葉
植物生態：

　　呂宋莢蒾為灌木或小喬木，高約 3 公尺，小枝、芽、柄、花序稍具黃褐色毛。葉為廣卵形至長橢圓形，先端銳尖，基部圓鈍，鋸齒緣，紙質。花序為複聚繖花序，集開於莖頂，由多數小花所組成，花色白。果實為球形，直徑約 0.5 公分，初為綠色，熟時呈鮮紅色，晶瑩而富光澤。

莢蒾結果成串，熟後轉紅

文獻集解：

　　《本草綱目》中引蘇恭之言曰：「莢蒾葉似木槿及榆，作小樹，其子如溲疏，兩兩相對，而色赤味甘，陸機詩疏云：檀榆之類也，所在山谷有之。」

　　《台灣維管束植物簡誌‧肆》記其分布為：「全島低海拔地區林緣或灌叢

莢蒾開花

中。」《野生觀賞植物（一）》記其特性為：「中性樹，稍耐庇陰。以播種繁殖為主。」記其用途為：「果枝供花材。莖葉供藥用，治骨折及外傷。莖皮纖維可利用。果可釀酒。」

　　《台灣樹木解說（二）》載曰：「呂宋莢蒾即使在乾旱處亦可生長良好，因此常在低地山區之空曠處形成很大族群，開花時滿樹白花，是很好蜜源植物。結果時，滿樹紅果，煞是壯觀。」

　　日本《草木染染料植物圖鑑》記有：「……試染的結果是比較好的染材，所以很實用，採取時間的不同其色彩有變化，……」

莢蒾枝葉皆可熬汁染色

染色記事：

　　數年前因查閱珊瑚樹的植物分類，而找到了忍冬科莢蒾屬，這才發現台灣島上有十多種莢蒾，其中多數為中海拔植物，低海拔山麓則以呂宋莢蒾分佈最多。為了使用的方便性考量，我們就選擇採集較易的呂宋莢蒾試驗，染後發覺它的濃度雖不及珊瑚樹，但亮度與彩度皆高，亦為具有使用價值的紅色系染料植物。

　　呂宋莢蒾染色方法如下：

1. 採集呂宋莢蒾枝葉，將它切細，加入適量清水，於不鏽鋼鍋中煎煮萃取色素，萃取時間約為水沸後四十分，共萃取兩回。
2. 萃取後的染液經細網過濾後，調和在一起作染浴。
3. 被染物先浸透清水，擰乾、打鬆後投入染浴中升溫染色，升溫的速度不宜過快，煮染的時間約為染液煮沸後半小時，煮染期間要不停攪動，才不會形成染斑。
4. 取出被染物，擰乾後進行媒染半小時。
5. 經媒染後的被染物再入原染浴中染色半小時。
6. 煮染之後，直接取出水洗、晾乾而成。

染材名稱：呂宋莢蒾枝葉	採集季節：七月	染材用量：480%

染色布樣：蠶絲

無媒染

日晒堅牢度
★★★
水洗堅牢度
★★★

染色布樣：棉布

無媒染

日晒堅牢度
★★★
水洗堅牢度
★★

石灰

日晒堅牢度
★★★★
水洗堅牢度
★★★

石灰

日晒堅牢度
★★★
水洗堅牢度
★★

醋酸鋁

日晒堅牢度
★★★
水洗堅牢度
★★★

醋酸鋁

日晒堅牢度
★★★
水洗堅牢度
★★

醋酸錫

日晒堅牢度
★★★
水洗堅牢度
★★★

醋酸錫

日晒堅牢度
★★★
水洗堅牢度
★★

醋酸銅

日晒堅牢度
★★★★★
水洗堅牢度
★★★

醋酸銅

日晒堅牢度
★★★★★
水洗堅牢度
★★★

醋酸鐵

日晒堅牢度
★★★★
水洗堅牢度
★★

醋酸鐵

日晒堅牢度
★★★★
水洗堅牢度
★★★

大地之華（續）

【阿勃勒】

學　名：*Cassia fistula* Linn.
科屬名：蘇木科鐵刀木屬
別　名：波斯皂莢

本土分布：今台灣各地普遍栽植
世界分布：原產於喜馬拉雅山東部及中部至錫蘭，中國華南、南洋群島、印度等地皆有栽植。
用　　途：行道樹、庭園觀賞樹
染色取材：枝葉
植物生態：

　　阿勃勒為落葉性大喬木，株高 10 - 20 公尺，枝條細長而略具蔓性，樹形易擴張，樹皮平滑，灰白色。葉互生，為偶數羽狀複葉，4 - 8 對，葉形大，長約 15 公分，卵形或長橢圓形，全緣，葉面平滑，新葉嫩綠，老葉轉為深灰綠色。花為腋生，總狀花序，長串懸垂於枝上，盛開時滿樹鮮黃，蔚為壯觀。莢果為圓筒狀長條形，長約 30 - 60 公分，初為綠色，熟時轉為暗褐色，內藏多粒種子，種子扁圓形。花期為 5 - 6 月間。

阿勃勒的黃花成串地吊掛在樹枝上

阿勃勒的條狀莢果

文獻集解：

《本草綱目》記載：「此即波斯皂莢也，按段成式酉陽雜俎云：波斯皂莢彼人呼為忽野簷，拂菻人呼為阿梨，樹長三四丈，圍四五尺，葉似枸櫞而短小，經寒不凋，不花而實，莢長二尺，中有隔，隔內各有一子，大如指頭，赤色，至堅硬，中黑如墨，味甘如飴可食，亦可入藥也。」其中「經寒不凋，不花而實。」顯然與現實不符，可能是李時珍缺乏查證之誤。

《原色台灣藥用植物圖鑑（1）》載其名為「阿勒勃」，其成分有：「……心木含阿勒勃素，蘆薈大黃素苷，大黃酸。樹皮含縮合型鞣質，……葉含類鞣質……。」並於「彙考」記曰：「阿勒勃始出典於唐·陳藏器著本草拾遺，至明·李時珍著本草綱目錄為阿勃勒，恐誤記也。」

《台灣樹木誌》載有：「原產喜馬拉雅山東部及中部以至錫蘭。栽培觀賞。種子味甜，可食。」《台灣樹木解說（二）》云：「初夏開花，滿樹金黃，落英繽紛，故英人稱之為「黃金雨」，為良好之園林樹；果肉為緩瀉劑，味苦寒，有小毒。」

阿勃勒的新葉

染色記事：

　　南台灣的初夏，正是阿勃勒盛開的季節，有一年的五月，我們開車去恆春半島找幾種熱帶植物，當我們過了屏東市區不久，就看到公路兩側的行道樹上都掛滿了阿勃勒鮮黃的花串，我們禁不住它那毫不保留的熱情誘惑，停下車來欣賞這具有異地風情的浪漫。

　　再上路時，我們開始猜測阿勃勒染色後的色調，我以為很可能染成花朵般的艷黃，數月之後，當阿勃勒枝葉茂密時，我們請台南的明珠姐採其枝葉試染，不意所得的試片俱是灰褐。後來我們分剝、把玩過如臘腸般的莢果，發覺在種子之間俱是如硬柏油般的黑色膠質，這下我才明白，染色所憑藉的主要是成分，而不是呈現的外相顏色。染色方法如下：

1. 採集阿勃勒枝葉，將它切細，加入適量清水，於不鏽鋼鍋中煎煮萃取色素，萃取時間約為水沸後四十分，共萃取兩回。
2. 萃取後的染液經細網過濾後，調和在一起作染浴。
3. 被染物先浸透清水，擰乾、打鬆後投入染浴中升溫染色，升溫的速度不宜過快，煮染的時間約為染液煮沸後半小時，煮染期間要不停攪動，才不會形成染斑。
4. 取出被染物，擰乾後進行媒染半小時。
5. 經媒染後的被染物再入原染浴中染色半小時。
6. 染後取出水洗、晾乾而成。
7. 注意事項：阿勃勒枝葉染色不容易均勻，煮染及媒染時都要隨時攪拌以免產生色花。

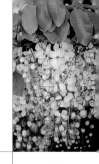

染材名稱：阿勃勒枝葉	採集季節：六月	染材用量：400%

染色布樣：蠶絲

無媒染

日晒堅牢度
★★★
水洗堅牢度
★★★

染色布樣：棉布

無媒染

日晒堅牢度
★★
水洗堅牢度
★★★

石灰

日晒堅牢度
★★
水洗堅牢度
★★★

石灰

日晒堅牢度
★★
水洗堅牢度
★★★★

醋酸鋁

日晒堅牢度
★★★
水洗堅牢度
★★

醋酸鋁

日晒堅牢度
★★
水洗堅牢度
★★★★

醋酸錫

日晒堅牢度
★★
水洗堅牢度
★★

醋酸錫

日晒堅牢度
★★
水洗堅牢度
★★★★

醋酸銅

日晒堅牢度
★★★★
水洗堅牢度
★★

醋酸銅

日晒堅牢度
★★★
水洗堅牢度
★★★

醋酸鐵

日晒堅牢度
★★★
水洗堅牢度
★★

醋酸鐵

日晒堅牢度
★★★
水洗堅牢度
★★★★

【小葉南洋杉】

學　名：*Araucaria heterophylla* (Salisb.) Franco
科屬名：南洋杉科南洋杉屬
別　名：南洋杉

本土分布：全境各地皆有栽培
世界分布：原產於澳洲，目前各地普遍種植
用　　途：園景樹、建築材料
染色取材：幹枝
植物生態：

　　小葉南洋杉為常綠性大喬木，樹冠成圓錐形，株高可達七十公尺，主幹挺拔通直，側枝輪生於主幹上，排列規律整齊，每輪 5 - 6 枝，皆作水平狀伸展。葉彎且尖，細長而柔軟。雌雄異株，雌雄之花皆為短枝上頂生。毬果圓形或卵形，徑約 10 - 12.5 公分。

小葉南洋杉的細枝與小葉

文獻集解：

　　《嘉義樹木園植物（一）》記曰：「原產於澳洲之諾福克島，本世紀初始引種本省，為極優美的園景樹種。生長情形頗佳，對於乾風或鹽霧尤具抵抗力。」

　　《台灣樹木解說（一）》載有：「為世界著名優美庭園樹種之一，且因全株均有蠟質被覆保護，故對潮風及鹽分的抵抗力極強，適植為海岸景觀樹。」

　　蔡福貴先生著的《木本觀賞植物（一）》記其栽培法為：「南洋杉繁殖常用播種法、扦插法或高壓法。插穗取自主幹時，樹幹生長方正常，但採取側枝時，成活後無主幹，僅匍匐延伸。生長快速，喜好肥沃土質，陽光充足及排水良好之處，針葉方能密集柔軟而富光澤。

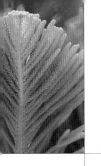

小葉南洋杉的幹材可萃取色素

染色記事：

　　台南明珠姐打電話來，說小葉南洋杉可以染色，我說：「很好，我正想試試南洋杉科植物，不妨請妳就近採集試作。」明珠姐一口答應，說她的朋友可以供應她材料。

　　幾天後，明珠姐再來電話，說試作的工作進行得很順利，她依程序分別萃取小枝葉和粗幹材的染液，發覺色素差異很大；小枝葉色素微弱而黃，粗枝色素濃而紅。染過的染液放幾天後顏色變得更深濃……我說：「太好了，部份染料經氧化後再染色，確實可以產生不同的色調，這回妳發現了南洋杉，上回我們發現了檳榔、薯榔也是如此。」

　　染色方法如下：

1. 採集小葉南洋杉粗枝或幹材，將它刨成薄片，加入適量清水，於不鏽鋼鍋中煎煮萃取色素，萃取時間約為水沸後一小時，共萃取兩回。

2. 萃取後的染液經細網過濾後，調和在一起作染浴。

3. 被染物先浸透清水，擰乾、打鬆後投入染浴中升溫染色，升溫的速度不宜過快，煮染的時間約為染液煮沸後半小時，煮染期間要不停攪動，才不會形成染斑。

4. 取出被染物，擰乾後進行媒染半小時。

5. 經媒染後的被染物再入原染浴中染色半小時。

6. 為避免出現染斑，煮染之後，被染物不要存放在染鍋中待冷，直接取出水洗、晾乾而成。

| 染材名稱：小葉南洋杉幹枝 | 採集季節：六月 | 染材用量：400% |

染色布樣：蠶絲

無媒染

日晒堅牢度
★★★★
水洗堅牢度
★★

石灰

日晒堅牢度
★★★★
水洗堅牢度
★★

醋酸鋁

日晒堅牢度
★★★★
水洗堅牢度
★★★★

醋酸錫

日晒堅牢度
★★★★
水洗堅牢度
★★

醋酸銅

日晒堅牢度
★★★★
水洗堅牢度
★★★

醋酸鐵

日晒堅牢度
★★★★
水洗堅牢度
★★★

染色布樣：棉布

無媒染

日晒堅牢度
★★★
水洗堅牢度
★★

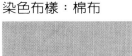

石灰

日晒堅牢度
★★★
水洗堅牢度
★★

醋酸鋁

日晒堅牢度
★★
水洗堅牢度
★★★

醋酸錫

日晒堅牢度
★★★
水洗堅牢度
★★

醋酸銅

日晒堅牢度
★★★★★
水洗堅牢度
★★★

醋酸鐵

日晒堅牢度
★★★
水洗堅牢度
★★★

【五倍子】

學　名：GALLA RHOIS
科屬名：鹽膚木為漆樹科漆樹屬
別　名：梧子（鹽膚木寄生蟲癭）

本土分布：台灣全境山麓、曠野及河床地極常見
世界分布：印度及中國華南、華西
用　　途：藥用、染色
染色取材：蟲癭
植物生態：

　　五倍子為漆樹科植物鹽膚木 Rhus chinensis Mill. 的小葉上之乾蟲癭，它是由角倍蚜 Melaphis chinensis Bell. 或倍蛋蚜 Melaphis paitan Tsaiet Tang 寄生而形成。

　　角倍蚜寄生之五倍子呈不規則的囊狀或菱角狀，有若干瘤狀突起與分枝，表面棕灰色，具灰白絨毛，中空，質硬而脆，碎後可見黑褐色的倍蚜蟲死體與其粉粒狀排泄物。

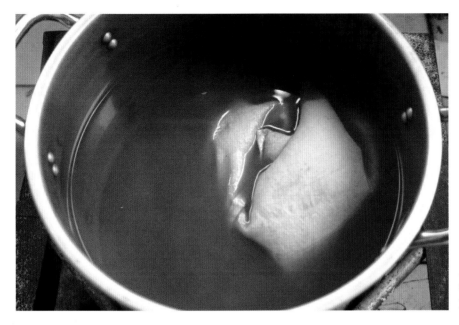

五倍子搗碎後裝在
棉紗袋中萃取，其
萃取液呈土黃色。

文獻集解：

除醫家外，國人多不識五倍子，明李時珍的解說極詳細，他在《本草綱目》中引唐蘇頌之言曰：「以蜀中者為勝，生於膚木葉上，七月結實，無花，其木青黃色，其實青，至熟而黃，九月采子曝乾，染家用之。」李時珍並作總結說：「……膚木即鹽膚子也，……此木生叢林處者，五六月有小蟲如蟻，食其汁，老則遺種結小毬於葉間，……起初甚小，漸漸長堅，其大如拳，或小如菱，形狀圓長不等，初時青綠，久則細黃，綴於枝葉，宛若結成，其殼堅肥，其中空虛，有細蟲如蠛蠓，山人霜降前采取。蒸殺貨之，否則蟲必穿壞，而殼薄且腐矣。皮工造為百藥煎，以染皂色，大為時用，他樹亦有此蟲毬，不入藥用，木性殊也。」

杜燕孫所著的《國產植物染料染色法》也載「五倍子為鹽膚木類之小枝或葉上所生之瘤狀物，由於一種昆蟲在產卵之際，刺破樹皮，使流出液汁而結成瘤狀，以為幼蟲之巢。此物含多量之單寧質，為單寧植物之主體也。」、「五倍子質單寧之性質，主要者為遇膠質及蛋白質即生沈澱，遇鐵鹽之液即生黑色之單寧酸鐵，能使金屬鹽之液生沈澱……，我國古時染黑，胥唯此物是賴。」

但是，清代方以智的《物理小識》卻記曰：「皂礬五倍子易毀布帛，今不用矣！」算是對五倍子與鐵媒染劑結合後會傷及纖維的檢討，值得我們重視。

染布經染色後即呈
現帶紫的深灰色

染色記事：

　　對田野採集困難的人來說，用五倍子染色是很好的選擇，因為五倍子為單寧含量很高的材料，可以染出深濃的紫灰色，它不受採集季節的限制，隨時都可以從材料店裡買來使用，在染材的取得上有很大的方便性，而且價錢也很便宜。

　　更重要的是它是我國使用歷史悠久的傳統灰黑染料，且是堅牢度優秀的好染料。在純黑的墨水樹材料取得困難的情況下，五倍子染就顯得格外的重要，假如我們要染深黑，可以用五倍子複染或以藍靛套染的方式達成，這種深濃的黑色具有色光幽微的變化，對於喜愛自然色彩韻味的人來說，它一定會讓人愛不釋手。

　　它的染色方法如下：

1. 量秤適量的五倍子，將它敲碎，加入適量清水浸泡一夜，再煎煮萃取色素，萃取時間約為水沸後一個小時，共萃取兩回。

2. 萃取後的染液經細網過濾後，調和在一起作染浴。

3. 被染物先浸透清水，擰乾、打鬆後投入染浴中升溫染色，升溫的速度不宜過快，煮染的時間約為染液煮沸後半小時，煮染期間要不停攪動，才不會形成染斑。

4. 取出被染物，擰乾後進行媒染半小時。

5. 經媒染後的被染物再入原染浴中染色半小時。

6. 為避免出現染斑，煮染之後，被染物不要存放在染鍋中待冷，直接取出水洗、晾乾而成。

7. 注意事項：五倍子經熬煮後會溶成水粉狀，染液必須以棉紗布袋過濾，才會使染液變得較乾淨。

染材名稱：五倍子蟲癭	採集季節：	染材用量：100%

染色布樣：蠶絲

 無媒染

日晒堅牢度
★★★★★
水洗堅牢度
★★

染色布樣：棉布

無媒染

日晒堅牢度
★★★★★
水洗堅牢度
★★

石灰

日晒堅牢度
★★★★★
水洗堅牢度
★★

石灰

日晒堅牢度
★★★★★
水洗堅牢度
★★★

醋酸鋁

日晒堅牢度
★★★★★
水洗堅牢度
★★

醋酸鋁

日晒堅牢度
★★★★
水洗堅牢度
★★★

醋酸錫

日晒堅牢度
★★★★★
水洗堅牢度
★★

醋酸錫

日晒堅牢度
★★★★★
水洗堅牢度
★★

醋酸銅

日晒堅牢度
★★★★★
水洗堅牢度
★★

醋酸銅

日晒堅牢度
★★★★★
水洗堅牢度
★★★

醋酸鐵

日晒堅牢度
★★★★★
水洗堅牢度
★★★

醋酸鐵

日晒堅牢度
★★★★★
水洗堅牢度
★★★

【毛柿】

學　名： *Diospyros discolor* willd.
科屬名： 柿樹科柿樹屬
別　名： 台灣黑檀、毛柿格、異色柿

本土分布： 恆春、蘭嶼、綠島
世界分布： 中國海南、菲律賓等熱帶地區
用　　途： 園景樹、行道樹、木材為貴重傢俱用材、果可食
染色取材： 枝葉
植物生態：

　　毛柿為常綠性大喬木，高度可達二十公尺，除了葉表外，全株皆被黃褐色絹毛，樹皮黑褐色。葉互生，革質，全緣，披針形，先端尖，基部略呈心形，長約15 - 30公分，表面光滑，背面有鐵鏽色的柔毛。雌雄異株，花淺黃色，腋生，花形小。果實為漿果，扁球形，密被絨毛，初為黃綠，後轉橙黃，熟時為暗紅色，味美可食。

毛柿結果

文獻集解：

《台灣維管束植物簡誌・肆》記其在台分布為：「高雄至恆春半島及台東花蓮低海拔地區灌叢中，常成純林。」

《台灣樹木解說（四）》記其用途為：「毛柿的心材漆黑，是黑檀木的一種，材質堅重，為名貴木料；果實密生褐毛，熟時可食；植株亦供綠美化，因抗風力強，可供海濱防風樹種。」

《木本觀賞植物（二）》也記載：「庭園樹、行道樹；邊材淡紅白色，心材漆黑而間有蒼綠或暗紫色條紋，質極堅重，為名貴木料，常用以製造各種用具（如鏡臺、屏風、筷子、手杖……等）；果甜而帶澀味，亦可供食用。」

毛柿葉為良好染材

染色記事：

　　毛柿在台灣南部較多，有一回，我們到台南市明珠姐家作客，明珠姐帶我們在成功大學校園逛了一圈，我們邊走邊認識校園植物，發覺成大裡毛柿栽種不少。明珠姐問我它可以染色嗎？我說紅柿葉可染，毛柿應該也可以吧，但具體情況如何尚不能肯定。後來我們從墾丁採得毛柿葉回來試染，所染的色調果然與紅柿所染的有些彷彿，是一種色素濃度與堅牢度都不錯的染料。

　　毛柿染色方法如下：

1. 採集毛柿枝葉，將它切細，加入適量清水，於不鏽鋼鍋中煎煮萃取色素，萃取時間約為水沸後一小時，共萃取兩回。

2. 萃取後的染液經細網過濾後，調和在一起作染浴。

3. 被染物先浸透清水，擰乾、打鬆後投入染浴中升溫染色，升溫的速度不宜過快，煮染的時間約為染液煮沸後半小時，煮染期間要不停攪動，才不會形成染斑。

4. 取出被染物，擰乾後進行媒染半小時。

5. 經媒染後的被染物再入原染浴中染色半小時。

6. 煮染之後，取出水洗、晾乾而成。

染材名稱：毛柿枝葉	採集季節：五月	染材用量：300%

染色布樣：蠶絲

無媒染

日晒堅牢度
★★★★

水洗堅牢度
★★

石灰

日晒堅牢度
★★★

水洗堅牢度
★★★

醋酸鋁

日晒堅牢度
★★★★

水洗堅牢度
★★

醋酸錫

日晒堅牢度
★★★★

水洗堅牢度
★★

醋酸銅

日晒堅牢度
★★★★★

水洗堅牢度
★★★★

醋酸鐵

日晒堅牢度
★★★★

水洗堅牢度
★★★

染色布樣：棉布

無媒染

日晒堅牢度
★★★

水洗堅牢度
★

石灰

日晒堅牢度
★★★★

水洗堅牢度
★★★

醋酸鋁

日晒堅牢度
★★★

水洗堅牢度
★★★

醋酸錫

日晒堅牢度
★★★

水洗堅牢度
★★

醋酸銅

日晒堅牢度
★★★★

水洗堅牢度
★★

醋酸鐵

日晒堅牢度
★★★

水洗堅牢度
★★

大地之華（續）

【化香樹】

學　名：*Platycarya strobilacea* Sieb. et Zucc.
科屬名：胡桃科化香樹屬
別　名：放香樹、必栗香、化木香、詹香

本土分布： 台灣中部及北部中海拔山區
世界分布： 中國、韓國、日本
用　　途： 藥用
染色取材： 枝葉
植物生態：

　　化香樹為落葉性喬木，枝幹黑褐色，樹皮有縱向深溝裂。葉互生，奇數羽狀複葉，小葉無柄或具短柄，長約 7 - 12 公分，葉形為歪長橢圓狀披針形，先端漸尖，重鋸齒緣。雌、雄皆直立狀的葇荑花序，雄花序細弱，數穗聚生於頂生的雌花序下方；雌花序單生，為卵狀長橢圓形，熟後呈毬果狀，長約 3 - 4 公分，黑褐色，小堅果扁平，具翅。

化香樹開花

化香樹的毬果亦為良好的黑灰色染材

文獻集解：

　　化香樹古稱必栗香，唐·陳藏器撰之《本草拾遺》曰：「必栗香生高山中，葉如老椿，搗置上游，魚悉暴腮而死，木為書軸，白魚不損書也。」《海藥本草》記載：「……唯此樹之用在毬，染肆浸晒，盈筐累甕。」

　　清·吳其濬撰之《植物名實圖考》記載：「……高丈餘，葉微似椿，有圓齒，如橡葉而薄柔，結實如松毬刺，扁亦薄，子在刺中，似蜀葵子，破其毬，香氣芬烈，土人取其實以染黑色。」

　　《台灣樹木解說（三）》載其分布為：「產台灣中、北部山地及花蓮，喜陽光充裕之地，耐乾旱，為典型之先驅樹種，分布大陸、日本及韓國。」

　　鄭元春著的《特用植物》記有：「果序及樹皮富含單寧，可加工製成染料。」

化香樹枝葉皆可用來染色

染色記事：

　　鄭元春先生在《台灣特用植物》書中有以化香當染料的記載，但化香樹分佈在台灣中海拔山區，低海拔平原地帶並不曾見著，所以要找化香樹就必須對其生長環境有些認識才易得手。

　　中橫北段由梨山到思源埡口一帶是觀察中海拔植物的理想環境，在公路邊即可見到許多化香樹，也很容易在樹下撿到化香果，我們經過試染，發覺其枝葉與毬果所染的顏色都很一致，也就是說兩者都具有良好的染色價值。

　　化香樹枝葉染色方法如下：

1. 採集化香樹枝葉，將它切細，加入適量清水，於不鏽鋼鍋中煎煮萃取色素，萃取時間約為水沸後四十分，共萃取兩回。

2. 萃取後的染液經細網過濾後，調和在一起作染浴。

3. 被染物先浸透清水，擰乾、打鬆後投入染浴中升溫染色，升溫的速度不宜過快，煮染的時間約為染液煮沸後半小時，煮染期間要不停攪動，才不會形成染斑。

4. 取出被染物，擰乾後進行媒染半小時。

5. 經媒染後的被染物再入原染浴中染色半小時。

6. 煮染之後，取出水洗、晾乾而成。

7. 注意事項：染液煮好後，液面浮起一層焦褐色薄膜，染前先以布拭去，以免影響染布均勻。

染材名稱：化香樹枝葉	採集季節：六月	染材用量：300%

染色布樣：蠶絲

染色布樣：棉布

無媒染

日晒堅牢度
★★★★

水洗堅牢度
★★★★

無媒染

日晒堅牢度
★★★★

水洗堅牢度
★★★★

石灰

日晒堅牢度
★★★★★

水洗堅牢度
★★★★

石灰

日晒堅牢度
★★★★

水洗堅牢度
★★★★

醋酸鋁

日晒堅牢度
★★★★★

水洗堅牢度
★★★★

醋酸鋁

日晒堅牢度
★★★★★

水洗堅牢度
★★★★

醋酸錫

日晒堅牢度
★★★★

水洗堅牢度
★★★★

醋酸錫

日晒堅牢度
★★★★

水洗堅牢度
★★★★

醋酸銅

日晒堅牢度
★★★★★

水洗堅牢度
★★★★

醋酸銅

日晒堅牢度
★★★★

水洗堅牢度
★★★★

醋酸鐵

日晒堅牢度
★★★★★

水洗堅牢度
★★★★

醋酸鐵

日晒堅牢度
★★★★★

水洗堅牢度
★★★★

大地之華（續）

【黃蘗】

學　　名：*Phellodendron amurense* Rupr. var. wilsonii
科屬名：芸香科黃蘗屬
別　　名：黃柏、山攀、黃木

本土分布： 中央山脈海拔 1800 至 2500 公尺之間，如太平山、阿里山、翠峰等森林中自生

世界分布： 中國北方、日本

用　　途： 染色、藥用

染色取材： 樹皮

植物生態：

　　黃蘗為落葉性喬木，樹皮之栓皮層厚，外皮呈灰白色，有不規則之縱裂，內皮呈鮮黃色，具苦味，為藥用及染色所用之部位。其葉為奇數羽狀複葉，葉柄被短毛，基部腫大。小葉短柄，4 至 5 對，對生或互生，長橢圓形或歪橢圓形，先端漸尖，基部圓或心形，紙質，葉面濃綠，葉背稍白，3 至 4 月間開花，聚繖花序，頂生，淺黃綠色。核果為球形，直徑 0.8 至 1 公分，黑色，內藏五粒種子。

黃蘗樹皮為傳統的黃色染料

文獻集解：

　　黃蘗為重要的中藥，明《本草綱目》記載甚詳：「禹錫曰：按蜀本圖經云：黃蘗樹高數丈，葉似吳茱萸，亦如紫椿，經冬不凋，皮外白，裡深黃色，其根結塊如松下茯苓，今所在有，本出房商合等州山谷中，皮緊厚二三分，鮮黃者上。二月五月采皮日乾，……」另《天工開物‧彰施第三》記載：「鵝黃色：黃蘗煎水染，靛水蓋上。……豆綠色：黃蘗水染，靛水蓋。」

　　清代方以智的《物理小識》卷之六中，「染紅」及「雜染」條下皆有提到黃蘗：「染紅：河水浸紅花，次日囊盛洗去黃水，又溫洗之，又以豆萁灰淋水洗之，乃泡烏梅湯點，帛藉黃蘗而染紅。」雜染：……凡檗、楓、樺、烏臼、蘗、楊桐皆可染，染必加礬，否則入污泥而黑矣。」

　　《國產植物染料染色法》記曰「黃蘗為芸香科之喬木，亦稱山礬，高達數丈，生於山野，皮呈灰白色，夏季枝梢開黃綠色之花，果實黑色，樹皮中含黃色素，可以染色。黃蘗之色素為 Berberin（$C_{20}H_{19}O_5N + 6H_2O$），為植物染料中唯一之鹽基性色素，可在弱酸性染液中染毛或絲，棉可先用單寧染之，若以媒染方法染毛、絲、棉等，亦可得優美之結果。」

乾燥後的黃蘗樹皮

染色記事：

　　黃蘗是中藥的一種，染材很容易從中藥行購得。黃蘗因有小蘗鹼成分，自古即被用來作為防蟲防蠹的材料，像裱褙師即常將黃蘗粉調入漿糊中，以免澱粉類的漿糊乾後會遭蠹蟲啃食。黃蘗煎液用以染紙的情形也很普遍，所染之紙稱黃紙或硬黃紙，也有用黃蘗染黃布的情形，其所染布因都具有防菌或防蟲的作用，難怪古代婦女常以此布作內衣、包巾或嬰兒衣物之用。

　　黃蘗染色方法如下：

1. 至中藥店選購黃蘗乾皮，然後將黃蘗用石臼搗碎，再加適量清水升溫煎煮以萃取色素，每回萃取時間為水沸後半小時，可萃取三至四回。

2. 將各次萃取的染液用細網過濾後，調和在一起作染浴。

3. 若被染物為動物性纖維，則於染液中加入千分之一的冰醋酸，使成弱酸性染浴。

4. 動物性纖維先浸泡清水，擰乾，打鬆後投入染浴中染色，染色溫度約為　50℃左右，染色時間為半小時，染後取出水洗、晾乾即成。

5. 若被染物為植物性纖維素纖維，則染色之前應先將纖維作單寧酸處理，然後才進行黃蘗染液染色，染好之後再以明礬溶液浸泡固色。之後再水洗、晾乾而成。

6. 注意事項：

　　a.黃蘗的色素可以直接染著在動物性纖維上，卻對纖維素纖維不具親和性，故纖維素纖維應先作單寧處理，然後才能染色。

　　b.黃蘗較適合中溫染色，溫度高時，色彩反而變淡。

7. 黃蘗屬於鹽基性染料而非媒染性染料，它的色素和媒染劑並不能產生良好的結合，所以縱然進行媒染步驟，也無法使色彩濃度增加，只能稍稍使色相有些偏向，但多數媒染後染著力反而變差。

染材名稱：黃蘗幹皮	採集季節：	染材用量：乾片100%

染色布樣：蠶絲　　　　　　　　　　　　　　　　染色布樣：棉布

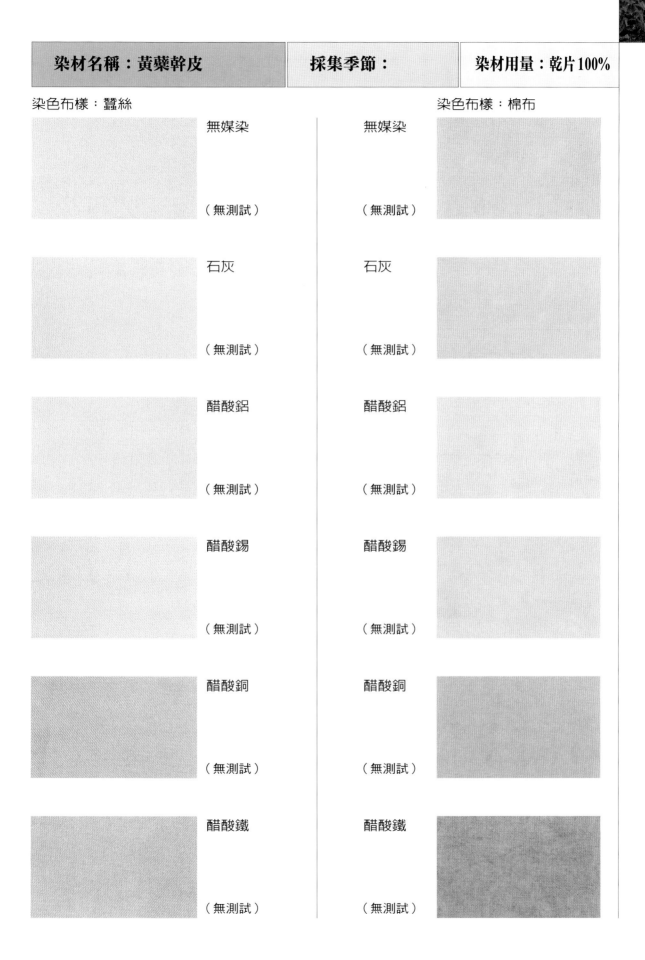

無媒染
（無測試）

無媒染
（無測試）

石灰
（無測試）

石灰
（無測試）

醋酸鋁
（無測試）

醋酸鋁
（無測試）

醋酸錫
（無測試）

醋酸錫
（無測試）

醋酸銅
（無測試）

醋酸銅
（無測試）

醋酸鐵
（無測試）

醋酸鐵
（無測試）

【銀葉樹】

學　名：*Heritiera littoralis* Dryand.
科屬名：梧桐科銀葉樹屬
別　名：大白葉仔

本土分布：本島南北海岸：基隆、宜蘭、恆春半島、台東、蘭嶼等地
世界分布：日本、錫蘭、菲律賓、馬來西亞、澳洲、東非洲等地
用　　途：景觀樹、建築用材、農具用材、造船用材
染色取材：枝葉
植物生態：

　　銀葉樹為常綠性的高大喬木，它的最大特徵是樹幹基部會形成板根構造，用以固著植物的壯大身體。葉呈橢圓形，長約 15 - 20 公分，寬約 6 - 10 公分，全緣，革質，先端銳或鈍，基部圓，葉背被覆銀白色鱗片，並散生褐色痂鱗。花為單性，頂生，無花瓣，萼鐘型 4 - 5 裂。果實為橢圓形，成熟後變木質化，有龍骨狀之凸起。果實能藉海潮之漂流而將種子傳播至遠方。

文獻集解：

《台灣樹木解說（三）》記其生態為：「台灣生長於沿海地區，以恆春半島較為常見，陽性樹，喜日照充足之開闊地，分布大陸廣東、日本、錫蘭、菲律賓、澳洲及東非洲等地。」記其用途為：「銀葉樹原生於沿海地區，是熱帶海岸紅樹林樹種之一，抗風耐鹽，是海濱極佳之防風林樹種，因其幹基部之板根特別發達，頗具觀賞價值，可植為庭園樹；本種之木材堅硬耐久，為建築、家具與造船之良材。果實木質，腹部如船之龍骨隆起，內有很厚的木栓狀纖維層，故能漂浮海上，散播各地。」

銀葉樹很容易形成巨大板根

《墾丁森林遊樂區恆春熱帶植物園常見植物》記載：「銀葉樹屬常綠大喬木，其最大的特徵為樹幹基部具有板根構造，而所謂之「板根」，乃為熱帶雨林植物特徵之一，其形成主因在於協助固著植物體，以抵抗熱帶地區之大患——豪雨及洪水，……葉片背面為銀白色鱗片所被覆，故俗稱「大白葉子」。果實長橢圓形，具顯著

銀葉樹因葉背銀白而得名

龍骨狀突起，成熟後木質化，能藉海潮漂流各處，故亦屬海漂植物之一，木材可供建築及家具之用，嫩樹皮富含纖維，可製作繩索。」

銀葉樹的枝葉皆可萃取色素

染色記事：

　　約三十年前，初次到墾丁的熱帶植物園旅遊，就對「銀葉板根」留下很深刻的印象，後來每次再到墾丁，也都會再到板根前巡禮一番，總覺得那浮出地面的扁平板根確實奇特而壯觀，但卻不曾花費心思去瞭解銀葉樹的生態與用途。七年前去琉球考察染織，在西表島蒙當地染織工藝家陪伴，搭小艇遊著名的紅樹林棲地浦內川，沿途風景如畫，生態景觀維護良好，工藝家朋友一路介紹岸邊的染料植物種類。後來他指著眼前一棵具有大板根的植物說：「這是先島蘇枋木，是紅色的染料植物。」

　　回台之後，我以當時所拍的照片對照台灣的植物圖鑑，才確定他所說的先島蘇枋木即為南部的銀葉樹，於是設法採集試驗，染後才發現他所說的紅色實為紅味重的紅褐。

　　其染色方法如下：

1. 採集生鮮的枝葉，並以菜刀將它切成細段，加入適量清水，於不鏽鋼鍋中煎煮萃取色素，萃取時間為水沸後一小時，共萃取兩回。
2. 萃取後的染液經細網過濾後，調和在一起作染浴。
3. 被染物先浸透清水，擰乾、打鬆後投入染浴中升溫染色，升溫的速度不宜過快，煮染的時間約為染液煮沸後半小時。
4. 取出被染物，擰乾後進行媒染半小時。
5. 經媒染後的被染物再入原染浴中染色半小時。
6. 煮染之後，被染物直接取出水洗、晾乾而成。

染材名稱：銀葉樹枝葉	採集季節：五月	染材用量：400%

染色布樣：蠶絲

無媒染

日晒堅牢度
★★★★★
水洗堅牢度
★★

石灰

日晒堅牢度
★★
水洗堅牢度
★★

醋酸鋁

日晒堅牢度
★★★★
水洗堅牢度
★★

醋酸錫

日晒堅牢度
★★★★
水洗堅牢度
★★

醋酸銅

日晒堅牢度
★★★
水洗堅牢度
★★

醋酸鐵

日晒堅牢度
★★★★★
水洗堅牢度
★★

染色布樣：棉布

無媒染

日晒堅牢度
★★★
水洗堅牢度
★★★

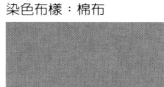

石灰

日晒堅牢度
★★
水洗堅牢度
★★★★

醋酸鋁

日晒堅牢度
★★★★
水洗堅牢度
★★★★

醋酸錫

日晒堅牢度
★★★★
水洗堅牢度
★★★★

醋酸銅

日晒堅牢度
★★★★
水洗堅牢度
★★★★

醋酸鐵

日晒堅牢度
★★★★
水洗堅牢度
★★★★

大地之華（續）

【栓皮櫟】

學　名：*Quercus variabilis* Blume
科屬名：殼斗科麻櫟屬
別　名：粗皮櫟、軟木櫟、大葉櫟、粗皮青剛

本土分布：全台海拔 600 - 2200 公尺山區常見

世界分布：中國、日本、韓國、台灣

用　　途：樹皮、殼斗、枝葉可提取染料，木栓組織可製軟木，木材用於建築，堅果可食。

染色取材：枝葉

植物生態：

栓皮櫟為多年生落葉性喬木，幹皮灰褐色，粗糙而有縱深溝裂，富栓質。葉互生，長披針形至長卵形，先端漸尖，基部鈍或圓，葉長約 8 - 18 公分，寬約 3 - 6公分，尖鋸齒緣，正面綠色，背面灰白色，被細毛。雄花呈葇荑花序，長約 3 - 6公分，雌花單生或數朵簇生。殼斗為杯形，外被針狀的彎曲鱗片，堅果橢圓形。

栓皮櫟新葉呈黃綠色

文獻集解：

　　栓皮櫟為殼斗科麻櫟屬之植物，麻櫟樹皮與殼斗（又稱皁斗或皂斗）自古即為黑褐色染料。趙豐先生在《紡織與礦冶志》中，將早年使用的染料植物列表，其中即有麻櫟一項，所染色澤為黑，著錄年代為東周，不過他並未詳說資料來源。

　　《本草綱目》對「橡實」釋名為「橡斗、皁斗、櫟梂、柞子、芧、栩」、「……其子謂之皁，亦曰皁斗，其殼煮汁，可染皁也。」「明代劉基在《多能鄙事》書裡，於「染椒褐」、「染暗茶褐」、「染艾褐」等條目下，皆有使用皁斗作染材的記載。

　　潘富俊先生在《詩經植物圖鑑》中稱《詩經》「蕭蕭鴇羽，集於苞栩」的栩「指的應不止一種，古代植物分類不如現代精細，凡是當時分布於華北一帶的櫟類（Quercus），都可能是栩。」、「麻櫟亦可放養柞蠶，是大陸最常見的櫟樹，果實稱為「橡」，堅果外之殼斗可供染色之用。」

　　《原色台灣藥用植物圖鑑3》在栓皮櫟的成份中有「樹皮含鞣質，兒茶酚。殼含木質素、纖維素、鞣質……」我們從上述資料中找到一些道理，認為在栓皮櫟的殼斗及樹皮因含鞣質，故應該可以染色，但因栓皮櫟多生長在稍高的中海拔山區，要以殼斗或樹皮染色在取材上並不太方便，所以用它的枝葉試染，結果在鐵媒染上也可以得到相當深度的深灰色。

栓皮櫟的枝葉可萃取染料

染色記事：

　　從一九八九年起，我們連續在中國西南邊疆地區作了十多趟民間工藝調查，染織和服飾是我們調查的主要內容，在調查的過程中，碰到叫「麻櫟坡」或「麻栗坡」的地名不下十數回，後來我才知道麻櫟樹很適合生長在海拔千餘公尺的雲貴山區，而且常常大片區域的生長，麻櫟坡地名皆因麻櫟樹聚生成坡而來。我曾問當地農民麻櫟樹的功用，有的說「木材做刀柄、鋤頭把最堅實」，有的說「燒柴、燒炭最好」，有的說「麻櫟灰水養靛最好」，但有一回卻在雲南的染坊中看到他們用該樹皮來染黃褐色。此後，我就常想用台灣的殼斗科植物試染，後來以青剛櫟和栓皮櫟染色，都起因於雲貴的無意間邂逅。

　　栓皮櫟的染色方法如下：

1. 採集生鮮的枝葉，並以菜刀將它切成細段，加入適量清水，於不鏽鋼鍋中煎煮萃取色素，萃取時間為水沸後一小時，共萃取兩回。
2. 萃取後的染液經細網過濾後，調和在一起作染浴。
3. 被染物先浸透清水，擰乾、打鬆後投入染浴中升溫染色，升溫的速度不宜過快，煮染的時間約為染液煮沸後半小時。
4. 取出被染物，擰乾後進行媒染半小時。
5. 經媒染後的被染物再入原染浴中染色半小時。
6. 煮染之後，被染物直接取出水洗、晾乾而成。
7. 栓皮櫟染色在棉布與絲布的呈色相當一致，無媒染和鋁、錫媒染皆呈卡其色，石灰和銅媒染顏色稍深些，呈黃茶色，而鐵媒染則呈帶紫味的深灰色。

染材名稱：栓皮櫟枝葉	採集季節：七月	染材用量：550%

染色布樣：蠶絲

染色布樣：棉布

無媒染

日晒堅牢度
★★★★
水洗堅牢度
★

無媒染

日晒堅牢度
★★★★
水洗堅牢度
★

石灰

日晒堅牢度
★★★★★
水洗堅牢度
★★

石灰

日晒堅牢度
★★★★
水洗堅牢度
★★

醋酸鋁

日晒堅牢度
★★★★
水洗堅牢度
★

醋酸鋁

日晒堅牢度
★★★★
水洗堅牢度
★★★

醋酸錫

日晒堅牢度
★★★★
水洗堅牢度
★

醋酸錫

日晒堅牢度
★★★★
水洗堅牢度
★★

醋酸銅

日晒堅牢度
★★★★★
水洗堅牢度
★★

醋酸銅

日晒堅牢度
★★★★★
水洗堅牢度
★★★

醋酸鐵

日晒堅牢度
★★★★★
水洗堅牢度
★★★

醋酸鐵

日晒堅牢度
★★★★★
水洗堅牢度
★★★

【大葉山欖】

學　名：*Palaquium formosanum* Hay.
科屬名：山欖科大葉山欖屬
別　名：台灣膠木、馬古公

本土分布：台灣東北海岸、恆春半島、蘭嶼
世界分布：菲律賓群島
用　　途：建材、染料、行道樹，果可食用。
染色取材：枝葉
植物生態：

　　大葉山欖為生長在熱帶及亞熱帶海岸之常綠喬木，其樹皮為黑褐色，小枝粗壯，樹皮及枝葉富含乳汁。葉互生，厚革質，叢生於枝端，葉片堅挺而光滑，深綠色，長橢圓形或長卵形，長約 10 - 15 公分，先端圓或微凹，基部銳形。花 2 - 4 朵簇生於葉腋，花冠六裂，呈淡黃綠色。果實橢圓形，長約 3.5 公分，肉質，有宿存花柱，內含種子 1 - 4 粒，果熟後可食。

大葉山欖枝葉可用來染色

文獻集解：

《墾丁森林遊樂區恆春熱帶植物園常見植物》記載：「大葉山欖分布於台灣及菲律賓的濱海地區，恆春半島和蘭嶼產量尤其多。當恆春半島的落山風吹起，大地由蒼綠變為枯黃，栽植於屏鵝公路兩旁的大葉山欖依然挺直了腰幹，保有它翠綠的枝葉，好讓人們明白它不畏落山風的特性，正因如此，近年來成為風行全島的綠化樹種。」

《台灣樹木解說（四）》記其用途為：「木材供建築用材，果可食，本種原生海邊，抗風耐鹽性強，是海邊優良的綠美化材料。」

《民俗植物—恆春社頂部落》在野果項中記有「大葉山欖：果實每年 8-9 月成熟，採集後置於陰涼處後熟數日，果皮及果肉可食。」

蔡福貴在《木本觀賞植物（二）》中記有：「以播種或高壓法繁殖。春、夏為播種或行高壓法之適期。播種苗經兩次以上假植後再定植，性喜高溫多濕氣候，生育適溫 25℃左右。栽培處全日照、半日照或在稍遮陰皆甚理想。……」

大地之華

（續）

大葉山欖的樹葉叢生於枝端，所結之果熟後可食。

文獻集解：

從事台灣天然染色的研究，我們經常思考的問題是如何運用台灣最有特色的本土材料及如何呈現地方特色？也就是說不同的地區本應發展不同的染材資源，才能創造獨自的地方工藝特色，像南台灣的恆春半島及蘭嶼多產大葉山欖，若能將其色素作良好運用，將可創造出難以被取代的獨特天然染品。

大葉山欖染色方法如下：

1. 採集大葉山欖枝葉，將它切細，加入適量清水，於不鏽鋼鍋中煎煮萃取色素，萃取時間約為水沸後一小時，可萃取兩回。

2. 萃取後的染液經細網過濾後，調和在一起作染浴。

3. 被染物先浸透清水，擰乾、打鬆後投入染浴中升溫染色，升溫的速度不宜過快，煮染的時間約為染液煮沸後半小時，煮染期間要不停攪動，才不會形成染斑。

4. 取出被染物，擰乾後進行媒染半小時。

5. 經媒染後的被染物再入原染浴中染色半小時。

6. 煮染之後，取出水洗、晾乾而成。

7. 注意事項：染液煮後可存放三、四天，經氧化後再染色，其色愈深。

染材名稱：大葉山欖枝葉	採集季節：五月	染材用量：300%

染色布樣：蠶絲

無媒染

日晒堅牢度
★★★
水洗堅牢度
★★★

染色布樣：棉布

無媒染

日晒堅牢度
★★
水洗堅牢度
★★★★

石灰

日晒堅牢度
★★
水洗堅牢度
★★★★

石灰

日晒堅牢度
★★
水洗堅牢度
★★★★

醋酸鋁

日晒堅牢度
★★★
水洗堅牢度
★★★

醋酸鋁

日晒堅牢度
★★
水洗堅牢度
★★★★

醋酸錫

日晒堅牢度
★★★
水洗堅牢度
★★★

醋酸錫

日晒堅牢度
★★
水洗堅牢度
★★★★

醋酸銅

日晒堅牢度
★★★★
水洗堅牢度
★★★★

醋酸銅

日晒堅牢度
★★★★
水洗堅牢度
★★★★

醋酸鐵

日晒堅牢度
★★★
水洗堅牢度
★★★

醋酸鐵

日晒堅牢度
★★
水洗堅牢度
★★★★

【艾草】

學　名：*Artemisia princeps* Pamp. var. *orientalis* (Pamp.) Hara
科屬名：菊科艾屬
別　名：艾草、灸草、艾絨、黃蒿、艾蒿、醫草、黃草

本土分布：台灣全境低至中海拔山野、路旁、荒地、河谷等光線充足的地方常見，亦有些庭院栽培。

世界分布：分布於東亞

用　　途：藥浴、驅蚊蟲、製餅粿時添加之芳香劑，全草皆可入藥。

染色取材：莖葉

植物生態：

　　艾為多年生的草本植物，莖高數十公分至一公尺左右，莖桿粗細與筷子相當，下段灰褐，上段黃綠。地下有根莖，分枝多。葉互生，橢圓形，羽狀分裂或具有缺刻，葉柄基部成翼狀。葉片正面為綠色，葉背遍生絨毛而呈粉綠或粉白。秋天開花，頭狀花序，排列成圓錐狀，花小，呈淡黃色或淡褐色。瘦果為長橢圓形，有冠毛。

平地的艾草在五月以後陸續開花

文獻集解：

艾草可以生食，可以煮食，也可以揉和在糯米粉中製成「艾粿」。此外，還可以煎汁作成「中草藥浴」，具有治療感冒及消除疲勞的功效。老葉曬乾後製成艾絨，是傳統針灸必備的法寶，艾草和國人的生活關係非常密切，而且自古而然。

《詩經》中有「彼采艾兮，一日不見，如三歲兮。」，孟子也有「七年之病求三年之艾」之說，可見早在兩千多年前，艾草即被普遍利用。明代《本草綱目》對於艾草的性狀及醫藥用途有很深刻的記述，如「……此草多生山原，二月宿根生苗成叢，其莖直生白色，高四五尺，其葉四布，狀如蒿，分為五尖椏，上復有小尖，面青背白，有茸而柔厚，七八月間出穗，如車前穗，細花結實，纍纍盈枝，中有細子。霜後始枯，皆以五月五日連莖刈取暴乾收葉。……其莖乾之，染麻油引火點灸炷，滋潤灸瘡，至愈不疼，亦可代蓍策及作燭心。」至於艾草被用於染色，不知始於何時，杜燕孫著《國產植物染料染色法》書中有「將莖、葉煎汁，可染纖維，得澀綠色。」之說，這是六十多年前的記述，不知更早前的使用情況如何？

金門海邊的艾草
老葉

染色記事：

　　用艾草染色，在不同的季節會得到不同的色調，五月之前的艾草莖葉尚嫩，此時染絲，可以得到飄逸的嫩綠或黃綠，如果在莖葉較成熟的仲夏之後，則色調會逐漸增加褐色味，杜燕孫先生所說的澀綠，大概就是這種帶綠味的黃褐色吧！這是低海拔地區的艾草使用情況。而中海拔山區也多艾草，它的生長季節較晚，所以使用時節也可以延後，例如我們六月在思源埡口採集的染材就比九月在嘉義水上採的還鮮嫩，所染的綠味相對明顯增多。艾草染色方法如下：

1. 將採集的艾草莖葉用菜刀切成細段，加入適量的清水，並加入水量 0.1%的碳酸鉀後升火煎煮，以萃取色素二至三回。

2. 將各次萃取後的染液用細網過濾，然後調和在一起作染浴，並加入少許冰醋酸，使 pH 值成為 6.5 左右。

3. 被染物先浸泡清水，擰乾、打鬆後投入染浴中升溫染色，煮染的時間約為染液煮沸後半小時。

4. 取出被染物，擰乾後進行媒染半小時。

5. 經媒染後的被染物再入原染浴中染色半小時。

6. 煮染之後，被染物取出水洗、晾乾而成。

7. 注意事項：艾草染液對石灰媒染作用敏感，媒染過程中應不停攪拌。

8. 蠶絲和棉的發色情況有明顯的不同，就蠶絲來說：無媒染和鋁媒染皆呈帶綠味的淺黃灰色，石灰媒染呈中明度的黃灰色，而銅媒染呈帶綠味的黃褐色，錫和鐵媒染呈帶灰味的淺黃綠，鐵媒染為稍深的灰綠。而棉布的發色除銅、鐵媒染較深外，其餘皆呈灰味的黃褐色。

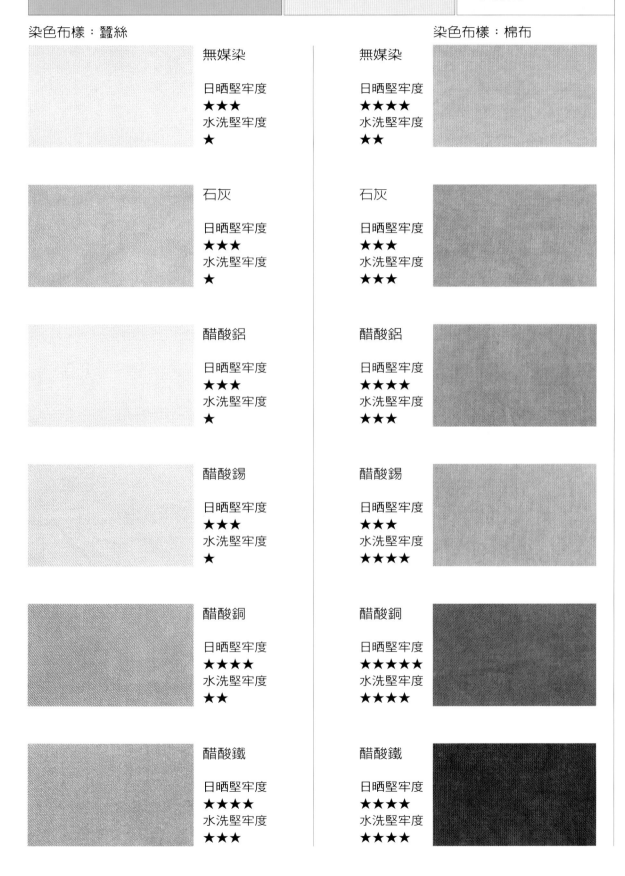

| 染材名稱：艾草莖葉 | 採集季節：九月 | 染材用量：300% |

染色布樣：蠶絲

無媒染
日晒堅牢度
★★★
水洗堅牢度
★

石灰
日晒堅牢度
★★★
水洗堅牢度
★

醋酸鋁
日晒堅牢度
★★★
水洗堅牢度
★

醋酸錫
日晒堅牢度
★★★
水洗堅牢度
★

醋酸銅
日晒堅牢度
★★★★
水洗堅牢度
★★

醋酸鐵
日晒堅牢度
★★★★
水洗堅牢度
★★★

染色布樣：棉布

無媒染
日晒堅牢度
★★★★
水洗堅牢度
★★

石灰
日晒堅牢度
★★★
水洗堅牢度
★★★

醋酸鋁
日晒堅牢度
★★★★
水洗堅牢度
★★★

醋酸錫
日晒堅牢度
★★★
水洗堅牢度
★★★★

醋酸銅
日晒堅牢度
★★★★★
水洗堅牢度
★★★★

醋酸鐵
日晒堅牢度
★★★★
水洗堅牢度
★★★★

大地之華（續）

【菩提樹】

學　名：*Ficus religiosa* Linn.
科屬名：桑科榕屬
別　名：畢鉢羅樹、思維樹、印度菩提樹、
　　　　阿思多羅、覺樹

本土分布：常見於台灣各地城市之行道樹及園景樹
世界分布：原產印度，東南亞至雲南南方等熱帶地方普遍栽植
用　　途：行道樹，園景樹，根、樹皮、花果皆可入藥。
染色取材：莖葉
植物生態：

　　菩提樹為落葉性大喬木，樹高可達 20 公尺，樹冠多分枝，擴展寬大，全株平滑，樹幹粗直。葉互生，具長柄，柄長約 7 至 15 公分，葉片革質光滑，全緣或微波緣，心形，長 5 至 15 公分，隱花果無梗，腋生成對。雄蕊、雌花同生於花序托中。夏季開花，花後結果。果實為扁球形，熟後呈暗紫色。枝葉可染色。

菩提樹落葉後的景象

文獻集解：

　　《植物名實圖考》記曰：「《通志》謂葉似桑，寺僧采之，浸以寒泉，歷四旬浣去渣滓，惟餘細筋如絲，可作燈帷、笠帽。」

　　《台灣樹木解說（三）》記載：「為佛教神聖之樹，相傳釋迦牟尼於菩提樹下頓悟成佛，故有菩提樹之名。生長快速，樹冠寬闊，為良好之綠蔭樹種，頗適寺院寬闊大院之栽培，但根部發達粗大，不宜栽植於基地狹窄之處。」

菩提樹的葉形很優美

　　蔡福貴所著《木本觀賞植物（一）》記載其栽培法為：「以扦插或空中壓條法繁殖，取去年生較粗枝條，春季扦插，易成活。樹性強健，培植土不拘，惟以適濕之砂質壤土佳。移植容易，生長迅速。定植時多施堆肥，並架支柱。」

　　《原色台灣藥用植物圖鑑（4）》於成分中載有：「氣生根含酚類，氨基酸，有機酸及糖類。樹皮含苷類，樹脂，單寧酸及少量生物鹼。」

菩提樹的枝葉、樹皮可染色

染色記事：

　　翻閱台灣植物分類學的書籍，在桑科榕屬的內容中，我們會發現有許多大家熟知的植物種類，如愛玉、薜荔、無花果、菩提樹及數十種榕皆是。當我們以榕樹葉染得了漂亮的肉紅色後，我們就很有信心地想再試染其他植物，菩提樹因在路邊、校園中極為常見，所以就成為我們想嚐試的對象。

　　經試染後，發現它的發色並不像榕樹般的具有較多紅味的肉紅，而是屬於較常見的褐色系。

　　在天然染色所呈現的色彩裡，褐色系為其中的大宗，正因褐色系染料種類很普遍，所以褐色自古以來即為庶民百姓衣著的主要色調，它雖不是華麗的高彩度色，卻具有古樸素雅的親切特性。其染色方法如下：

1. 採集菩提樹枝葉，將它切細，加入適量清水，於不鏽鋼鍋中煎煮萃取色素，萃取時間約為水沸後四十分，可萃取兩回。

2. 萃取後的染液經細網過濾後，調和在一起作染浴。

3. 被染物先浸透清水，擰乾、打鬆後投入染浴中升溫染色，升溫的速度不宜過快，煮染的時間約為染液煮沸後半小時，煮染期間要不停攪動，才不會形成染斑。

4. 取出被染物，擰乾後進行媒染半小時。

5. 經媒染後的被染物再入原染浴中染色半小時。

6. 煮染之後，取出水洗、晾乾而成。

染材名稱：菩提樹莖葉	採集季節：十月	染材用量：400%

染色布樣：蠶絲

無媒染

日晒堅牢度
★★★
水洗堅牢度
★★★

無媒染

日晒堅牢度
★★
水洗堅牢度
★★★★

染色布樣：棉布

石灰

日晒堅牢度
★★
水洗堅牢度
★★★

石灰

日晒堅牢度
★★
水洗堅牢度
★★★★

醋酸鋁

日晒堅牢度
★★★
水洗堅牢度
★★★★

醋酸鋁

日晒堅牢度
★★★
水洗堅牢度
★★★★

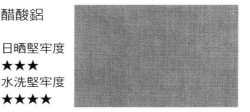

醋酸錫

日晒堅牢度
★★
水洗堅牢度
★★★★

醋酸錫

日晒堅牢度
★★
水洗堅牢度
★★★★

醋酸銅

日晒堅牢度
★★★★
水洗堅牢度
★★

醋酸銅

日晒堅牢度
★★★
水洗堅牢度
★★★★

醋酸鐵

日晒堅牢度
★★★★
水洗堅牢度
★★★

醋酸鐵

日晒堅牢度
★★
水洗堅牢度
★★★★

【羊蹄】

學　名： *Rumex japonicus* Houttuyn
科屬名： 蓼科酸模屬
別　名： 豬耳朵、牛舌菜、殼菜、禿頭草、
　　　　　大王頭、禿菜

本土分布： 台灣全境山麓、海岸、原野、路旁、耕地附近均極常見。

世界分布： 中國華中及華南、日本、韓國、琉球

用　　途： 野菜、藥用

染色取材： 根

植物生態：

　　羊蹄為多年生的草本植物，莖直立，粗大而中空，株高約 50 - 130 公分。根長而粗大，可供中藥及染料之用。葉分根生葉及莖生葉兩種，根生葉有長柄，葉片長橢圓形，波狀緣，長約 15-30 公分；莖生葉互生，無柄或短柄，下部者稍大，愈往上部愈小。花序為狹長圓錐形，小花密生，初為綠白色，其後逐漸轉帶紫紅色，熟時呈黃褐色，花被六深裂，外花被較小，內花被較大，且開花後膨大而有翼翅，瘦果三角狀。

羊蹄開花

羊蹄結果

文獻集解：

李時珍在《本草綱目》中綜合各家之說後云：「近水及濕地極多，葉長尺餘，似牛舌之形，不似菠菜，入夏起薹，開花結子，花葉一色，夏至即枯，秋深即生，凌冬不死，根長近尺，赤黃色，如大黃、胡蘿蔔形。」

《原色台灣藥用植物圖鑑（2）》載：「根含大黃根酸，大黃素，呢坡定。葉含槲皮苷，維生素C。根煎劑與亞洲A型流行感冒病毒，有預防感染的作用。對於急性淋巴細胞型白血病、急性單核細胞型白血病、急性粒細胞型白血病患者血細胞脫氫酶都有抑制作用。」

鄭元春先生所著的《野菜（一）》記其可食用部分為「嫩苗葉及果實」，料理法為：「1.採嫩苗葉洗淨，先以開水煮燙一遍，再行煮食或炒食。2.採成熟堅果搗出種子，先煮燙去苦味後，再煮食。」

大地之華（續）

染色記事：

　　小時候住山區，六年的小學生涯幾乎都赤腳上學，上學進村前都要走過一段田間的小路，冬天腳丫子常被冰冷的泥地與草上的露水凍得刺痛難耐，路邊的雜草也都被凍得枯黃，不過，有種像葉菜類的植物卻出奇的茂盛，我一直不知它叫什麼，但卻對它記憶深刻。

　　直到十多年前買了山崎青樹先生的書後，才知道它原來叫羊蹄，它的根不但可以當染料，也可以當中藥，於是我出門又開始留意它的蹤跡，發覺羊蹄在新店、木柵郊區也很多，只要稍加留意，郊區路旁皆可輕易見得，冬末初春花開前，都是採集染色的理想季節。

羊蹄的根部可萃取染料

　　染色方法如下：

1. 採集羊蹄之根，以菜刀將它切成薄片，加入適量清水，於不鏽鋼鍋中煎煮萃取色素，萃取時間為水沸後一小時，共萃取兩回。

2. 萃取後的染液經細網過濾後，調和在一起作染浴。

3. 被染物先浸透清水，擰乾、打鬆後投入染浴中升溫染色，升溫的速度不宜過快，煮染的時間約為染液煮沸後半小時。

4. 取出被染物，擰乾後進行媒染半小時。

5. 經媒染後的被染物再入原染浴中染色半小時。

6. 煮染之後，被染物直接取出水洗、晾乾而成。

7. 注意事項：羊蹄的色素含量與採集時機關係密切，一般以開花之前的春季為佳，開花之後色素即大量減少。

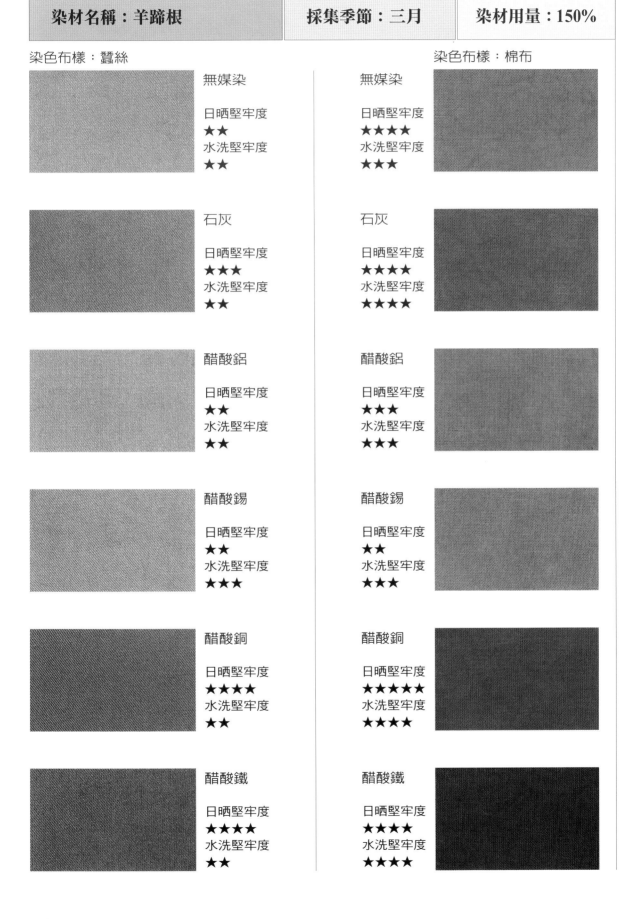

| 染材名稱：羊蹄根 | 採集季節：三月 | 染材用量：150% |

染色布樣：蠶絲

無媒染

日晒堅牢度
★★
水洗堅牢度
★★

石灰

日晒堅牢度
★★★
水洗堅牢度
★★

醋酸鋁

日晒堅牢度
★★
水洗堅牢度
★★

醋酸錫

日晒堅牢度
★★
水洗堅牢度
★★★

醋酸銅

日晒堅牢度
★★★★
水洗堅牢度
★★

醋酸鐵

日晒堅牢度
★★★★
水洗堅牢度
★★

染色布樣：棉布

無媒染

日晒堅牢度
★★★★
水洗堅牢度
★★★

石灰

日晒堅牢度
★★★★
水洗堅牢度
★★★★

醋酸鋁

日晒堅牢度
★★★
水洗堅牢度
★★★

醋酸錫

日晒堅牢度
★★
水洗堅牢度
★★★

醋酸銅

日晒堅牢度
★★★★★
水洗堅牢度
★★★★

醋酸鐵

日晒堅牢度
★★★★
水洗堅牢度
★★★★

【長葉苧麻】

學　名：*Boehmeria zollingeriana* Wedd.
科屬名：蕁麻科苧麻屬
別　名：金石榴

本土分布：台灣全境一千公尺以下山區皆有，常見於路旁、林緣、陰溼地、山谷溪旁。

世界分布：中國南部、日本、菲律賓、印尼、馬來西亞等地。

用　　途：枝皮可取麻纖維，根、莖、葉可藥用，嫩芽可充當應急食物。

染色取材：枝葉

植物生態：

　　長葉苧麻為小灌木或亞灌木，高約 1 至 3 公尺，性喜陰溼地。莖幹多分枝，老莖粗糙呈灰褐色，嫩莖光滑而呈紫紅色，葉對生，紙質，具柄，葉片卵形或卵狀披針形，先端漸尖至尖銳，基部心形或圓形，鋸齒緣，兩面有毛，葉長約 6 至 16 公分，寬 2 至 6 公分。雌雄異株，雄花密集成球形，生於葉腋，雌花頂生，排成稀散之圓錐花序，花呈紫紅色，密集成球形，生於小花序上而成穗狀。瘦果具細長的宿存花柱，外被毛茸。花期在春夏之間，果期在夏秋之間。

長葉苧麻的細枝與葉柄皆呈紫紅色

長葉苧麻開花

文獻集解：

　　長葉苧麻在過去的文獻中並不曾見過用於染色的記載，倒是在中藥、纖維植物及應急救荒植物中曾有些記述。鄭元春先生所著的《常見藥草圖說》中有「將其小枝的表皮剝下，可製成繩索，……幼嫩的頂芽先以開水快速煮燙，撈起瀝乾，便可炒食或煮食……，故只要認得它，四季便可受用無窮，不管在藥用、食用或取纖維利用方面，整年皆可進行。」邱年永、張光雄合著的《原色台灣藥用植物圖鑑》中更記有「根有和血、通經、解毒、利尿之效。治小兒滯食、消化不良、胎動、肝病、月經不調……」等功用。

　　長葉苧麻過去雖未用於染色，但日本山崎青樹氏卻曾有使用它的近親「蕁麻」染色成功的經驗，這就激起了我們研試台灣鄉間隨處可見的長葉苧麻之興趣，不料一試便有令人雀躍的結果。

染色記事：

　　研試植物染色，有時真要有點「神農嚐百草」的精神，才會從林林總總的植物中發現一些先民不曾記載過的豐富資源。長葉苧麻長在台灣中低海拔的山澗溪畔，或陰溼的林緣、路旁，是極常見的植物，過去卻沒有將它們用來染色，不知是前人不曾嘗試，或者曾有的技藝在不知不覺中給遺忘了也未可知，如果我們認得它，就可以輕易地獲取一種紅色調的好染料。它的染法如下：

長葉苧麻的枝葉為良好染料

1. 採集生鮮的枝葉，並以菜刀將它切成細段，加入適量清水，於不鏽鋼鍋中煎煮萃取色素，萃取時間為水沸後一小時，共萃取兩回。

2. 萃取後的染液經細網過濾後，調和在一起作染浴。

3. 被染物先浸透清水，擰乾、打鬆後投入染浴中升溫染色，升溫的速度不宜過快，煮染的時間約為染液煮沸後半小時。

4. 取出被染物，擰乾後進行媒染半小時。

5. 經媒染後的被染物再入原染浴中染色半小時。

6. 煮染之後，被染物不要存放在染鍋中待冷，否則極易形成染斑，直接取出水洗、晾乾而成。

7. 注意事項：

　　a. 長葉苧麻在萃取染液時，先溶解出黃色素，然後染液才逐漸變紅，故煎煮時間不能太短，否則色素的溶解會不完全。

　　b. 長葉苧麻染色時容易產生染斑，尤其當被染物停止攪動時，浮在液面上的被染物就會因快速氧化而出現深淺不一的染斑，所以染色時必須時時攪動。

　　c. 為避免被染物在染色時氧化過速而造成染斑，可以考慮在染液萃取後，放置二至三天使它先行氧化，然後再用來染色，就可以減少染斑的產生。

　　d. 媒染時亦應不停翻動，尤其是灰汁、銅、鐵等媒染，必須經常翻動，以免媒染不勻而影響發色。

8. 長葉苧麻的染色皆呈紅褐色系，無媒染和錫媒染差別很少，鋁媒染紅味稍多些，而灰汁媒染又稍濃些，銅媒染顏色最濃，呈暗紅褐色，鐵媒染則呈帶灰的黃褐。它在蠶絲的呈色優良，而在棉的表現卻相對的弱些。

染材名稱：長葉苧麻莖葉	採集季節：八月	染材用量：500%

染色布樣：蠶絲

無媒染

石灰

醋酸鋁

醋酸錫

醋酸銅

醋酸鐵

染色布樣：棉布

無媒染

石灰

醋酸鋁

醋酸錫

醋酸銅

醋酸鐵

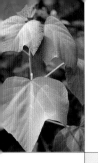

【 野桐 】

學　名： *Mallotus japonicus* (Thunb.) Muell.-Arg.
科屬名： 大戟科野桐屬
別　名： 野梧桐、赤芽槲、赤芽柏、大白匏子、楸

本土分布： 台灣全境低海拔地區
世界分布： 日本、中國華南、台灣
用　　途： 花材、木屐、線香、染色
染色取材： 枝葉、樹皮
植物生態：

　　野桐為半落葉性的小喬木或中喬木，全株密被星狀絨毛，嫩葉和新芽呈紅色。葉具長柄，互生，且叢生於枝端，葉形為闊卵形或菱形，先端突尖，基部鈍形或淺心形，長約10-20cm，葉面綠或青綠色，葉背淡綠色，基部有紅褐色蜜腺。花為雌雄異株，頂生圓錐形的穗狀花序，黃綠色，春至夏季開花。蒴果為球形，表面被軟刺，初為黃綠，熟時轉褐綠，種子為球形，黑色。

野桐開花

野桐結果

文獻集解：

　　《草木》一書載有：「野桐也是桐的一種，遍佈全省山野，也是森林破壞後，最早出現的先驅樹種。葉基部有二腺點，分泌糖蜜，供蟻類取食，而蟻類則保護野桐，驅逐侵害植株的其他昆蟲，這是自然界動植物相互倚賴的共生現象。野外常見有些樹木的樹幹上有螞蟻築巢，說明兩者必有共生關係存在。」

　　《台灣樹木解說（三）》記其生態為：「野桐是台灣平地至低海拔山麓及叢林中最常見的樹種，常大量發生於二次林中，喜陽光充分照射之向陽處。」記其用途為：「野桐因其隨處發生，生長迅速，雖樹形不佳，但可供水土保持植物；其木材輕軟，以前曾經充作製造木屐，或線香之材料。」

　　《野菜（二）》中記其可食用部位為「新芽及嫩葉」，其料理法為：

　　1.採芽及嫩葉用鹽水浸泡一晝夜後，撈起，洗淨，炒食或煮食。

　　2.醃製成泡菜再吃。

大地之華（續）

野桐枝葉可以用來染色

染色記事：

　　黃英明兄是荒野保護協會的成員，也是荒野草創期中的重要解說員，近年他和我們玩植物染色，玩久了也玩出了不少心得。

　　前幾年，我們碰面多在討論染色植物，每次他都會問我什麼可以染嗎？染什麼色調？在他的催促下，我們只好再努力試驗。有一次我們在檢討大戟科植物時，黃兄認為野桐和血桐這兩種最常見的植物應當可以好好推廣才是，我說十多年前我曾試過血桐樹皮，所得效果很平淡，野桐日本山崎老師做過，效果很好，而我們倒未嘗試，值得好好做做看。而後，就在他不斷催促下終於還是把它給做出來了，所得效果很好，尤其鐵媒染發色的深灰，灰得很有內涵，也很高雅。

　　它們的染色方法如下：

1. 採集野桐枝葉，將它切細，加入適量清水，於不鏽鋼鍋中煎煮萃取色素，萃取時間約為水沸後一小時，共萃取兩回。
2. 萃取後的染液經細網過濾後，調和在一起作染浴。
3. 被染物先浸透清水，擰乾、打鬆後投入染浴中升溫染色，升溫的速度不宜過快，煮染的時間約為染液煮沸後半小時。
4. 取出被染物，擰乾後進行媒染半小時。
5. 經媒染後的被染物再入原染浴中染色半小時。
6. 煮染之後，被染物取出水洗、晾乾而成。

染材名稱：野桐枝葉	採集季節：八月	染材用量：600%

染色布樣：蠶絲

無媒染

石灰

醋酸鋁

醋酸錫

醋酸銅

醋酸鐵

染色布樣：棉布

無媒染

石灰

醋酸鋁

醋酸錫

醋酸銅

醋酸鐵

【絲瓜】

學　名：*Luffa cylindrica* (Linn.) M. Roemer
科屬名：葫蘆科絲瓜屬
別　名：菜瓜、天絲瓜、蠻瓜、布瓜、天羅

本土分布： 台灣中海拔以下各地普遍栽種
世界分布： 原產亞洲或非洲，台灣、中國、琉球等地
用　　途： 嫩瓜可食用，絲瓜絡可刷鍋、洗澡、製工藝品
染色取材： 藤、葉
植物生態：

　　絲瓜為一年生的攀緣性藤本植物，莖柔軟，具稜線，節上長卷鬚，卷鬚2-4分歧。葉互生，具柄，葉形為三角狀闊心形或近圓形，掌狀3-7裂，裂片亦三角形，先端尖，具細鋸齒緣，葉正面為綠色，葉背淡綠色，具刺毛。雌雄同株，雌花單生，雄花多朵為總狀花序。花萼5深裂，綠色，被柔毛。花冠明黃色，5深裂。瓠果長圓柱形，長短因品種差異頗大，約15--70cm，粉綠或黃綠色，有深色縱紋。熟時瓜囊呈綠褐色，內部組織纖維化而成立體網狀組織。種子扁矩卵形，黑色，具膜緣。

盛開的絲瓜雄花

剛授粉的絲瓜雌花

絲瓜結果

文獻集解：

　　明代李時珍在《本草綱目》中記載：「⋯⋯二月下種，生苗引蔓延樹竹，或作棚架，其葉大如蜀葵而多丫尖，有細毛刺，取汁可染綠，其莖有棱，六七月開黃花，五出，微似胡瓜，花蕊瓣俱黃，其瓜大寸許，長一二尺，甚則三四尺，深綠色，有皺點，瓜頭如鼈首，嫩時去皮可烹可曝，點茶充蔬，老則大如杵，筋絡纏紐如織成，經霜乃枯，惟可藉鞾履，滌釜器，故村人呼為洗鍋羅瓜⋯⋯。」

　　《三才圖會》記曰：「絲瓜，苗人家園籬邊種之，延蔓而生，葉似栝蔞葉，而花又大，每葉間出一絲藤，纏附草木上，莖葉間開五瓣大黃花，結瓜形如黃瓜而大，色青嫩時可食，老則去皮，內有絲縷，可以擦洗油膩器皿，味微甜。」

　　《台灣省通志稿・卷六學藝志藝術篇》記有：「在本省紡織業尚在原始的時代，染色原料均採用天然染料，如泥染（藍色），姜黃（黃色），檳榔果實（赤褐色），薯榔（赤褐色），蘇木（深紅），栲皮（深褐色），芭蕉汁（深褐色），絲瓜葉（草綠色），桑實（紫色），梔子實（黃色）等，多為熱帶特有之植物染料。」

新鮮的絲瓜葉可以染出鮮嫩黃綠色

染色記事：

　　天染工坊的高銓卿和太太徐秀惠是我們認識二十多年的朋友，近十多年來，當我們從事民族工藝調查和天然染色研究的工作後，高先生夫婦即經常幫助我們處理諸多疑難雜事。三年前，他們看我們多年研究的心得無法有效推廣時，乃提供他們的獨棟住家，作為天染工坊的推廣教室之用，同時積極張羅染色所需工具材料，做起台灣第一家天然染色材料店來。

　　有天下午，我們隨高先生去看他輔導農民栽種的大青植物時，順口聊到古書記載絲瓜葉可以染綠，沒想到第二天傍晚，高先生即帶來一袋絲瓜藤葉。看到高先生的好意，這下可是非做不可了，第二天，我們只好按下原本工作而試染起絲瓜綠來。這黃綠色，可是繼月橘之後所見到的另一柔綠。

　　絲瓜的染色方法如下：

1. 採集絲瓜藤莖及葉，將它切細，加入適量清水，於不鏽鋼鍋中煎煮萃取色素，萃取時間約為水沸後四十分，共萃取兩回。
2. 萃取後的染液經細網過濾後，調和在一起作染浴。
3. 被染物先浸透清水，擰乾、打鬆後投入染浴中升溫染色，升溫的速度不宜過快，煮染的時間約為染液煮沸後半小時。
4. 取出被染物，擰乾後進行媒染半小時。
5. 經媒染後的被染物再入原染浴中染色半小時。
6. 煮染之後，被染物取出水洗、晾乾而成。
7. 新鮮的絲瓜葉可以染得鮮嫩的黃綠色，乾葉則染出帶綠味的黃褐色。

染材名稱：絲瓜莖葉（乾葉）	採集季節：十月	染材用量：500%

染色布樣：蠶絲

無媒染

石灰

醋酸鋁

醋酸錫

醋酸銅

醋酸鐵

染色布樣：棉布

無媒染

石灰

醋酸鋁

醋酸錫

醋酸銅

醋酸鐵

大地之華（續）

染材名稱：絲瓜莖葉(生葉)	採集季節：十月	染材用量：500%

染色布樣：蠶絲

無媒染

石灰

醋酸鋁

醋酸錫

醋酸銅

醋酸鐵

染色布樣：棉布

無媒染

石灰

醋酸鋁

醋酸錫

醋酸銅

醋酸鐵

【紅花】

學　名：*Carthamus tinctorius*
科屬名：菊科紅花屬
別　名：紅藍、黃藍

本土分布：台灣目前並無生產，中藥所用皆賴進口
世界分布：埃及或美索不達米亞原產，日本、中國、韓國皆產
用　　途：藥用、胭脂、染色、食用色素、子榨油
染色取材：花朵
植物生態：

　　紅花為越年生的草本植物，植株高達4-5尺，一般高度約一公尺左右，葉為廣披針形，先端銳尖，具不整齊的缺刻或銳鋸齒緣，齒尖有銳刺，一般採直接播種法栽培。6-7月間開花，花形如薊，花冠筒狹細而長，作尾狀，花冠5裂，各裂片呈狹線形，雄蕊5枚，花藥黃色聯合成筒，高出裂片之外，其中央有柱頭露出。黃色筒狀花不久變紅，此花朵即為提製染色之原料。種子外包白色琺瑯質，可榨紅花籽油。

（劉怡君攝）

文獻集解：

《授時通考》記曰：「紅花種出西域，今處處有之，色紅黃，葉綠似藍有刺，夏開花，花下有稼，多刺，花出稼上，稼中結實，如小豆大，其花可染真紅及作臙脂，苗生嫩時可食，其子搗碎煎汁，入醋拌蔬食，極肥美，又可為車脂及燭。」

《齊民要術》載其栽種製作之法為：「……殺花法：摘取即碓擣使熟，以水淘，布袋絞去黃汁，更擣，以粟飯漿清而醋者淘之，又以布袋絞汁，即收取染紅，勿棄也，絞訖，著甕器中，以布蓋

紅花花朵盛開圖（劉怡君攝）

上，雞鳴更擣，於蓆上攤而曝乾，勝作餅，作餅者不得乾，令花浥鬱也。」

《天工開物》載：「大紅色：其質紅花餅一味，用烏梅水煎出，又用鹼水澄數次，或稻藁灰代鹼，功用亦同，澄得多次，色澤鮮甚。……蓮紅、桃紅色、銀紅、水紅色：以上質亦紅花餅一味，淺深分兩加減而成。以上四色皆非黃繭絲所可為，必用白絲方現。」、「紅花入夏即放綻，花下作稼彙，多刺，花出稼上，採花者必侵晨帶露摘取，若日高露旰，其花即已結閉成實，不可採矣！其朝陰雨無露，放花較少，旰摘無妨，以無日色故也，紅花逐日放綻，經月乃盡。入藥用者不必製餅，若入染家用者，必以法成餅然後用，則黃汁淨盡，而真紅乃現也。」

《物理小識》載有：「染紅：河水浸紅花，次曰囊盛洗去黃水，又溫洗之，又以豆箕灰淋水洗之，乃泡烏梅湯點。」

《便民圖纂》記：「胭脂有四種，一種以紅藍花汁染胡粉而成，乃蘇鶚演義所謂胭脂，葉似薊，花似蒲，出西方，中國謂之紅藍，以染粉為婦人面色者是也。……」

近代孟心如著《植物色素》記曰：「紅藍花中，主要含有一種紅色色素，名曰紅藍花色素（Carthamin），具難溶於水性，而需用稀鹼溶液將其抽出，再以酸類加入是項鹼抽出液，紅藍花色素即自沈泌析出，可以直接供染色之用矣。求得較純之色素，可先於弱酸性溶液中染著於棉，再用鹼溶液又將棉上色素溶解，重複加酸使色素自鹼溶液中沈泌。」

中藥行購買的紅花碎花

染色記事：

　　紅花染色是屬於酸性染料染法，也就是說在已萃取的染液之中必須加入酸，才容易使色素染上纖維。

　　但是紅花色素的萃取卻有些麻煩，我們必須先將紅花花瓣裡的黃色素用水浸泡溶解去除，然後以適當鹼度的鹼水浸泡溶解，再用搓揉的方法萃取色素，然後將萃取液調酸染色，經逐次加酸並多次染色，才能使紅花染色呈現良好的色質。

　　同時，紅花素為低溫色素，染色過程均在常溫中進行，若想加快染著速度而給予加溫煮染，必然會因色素被破壞而使紅色消失。紅花素貴氣而嬌弱，日照與汗水堅牢度都不太好，並且對水質的酸鹼度也很敏感，是一種容易變色的染料，但因古代較缺乏原色之紅，所以紅花在天然染色之中就有其重要地位。具體染色方法如下：

1. 將紅花浸泡清水一夜，並反覆加水搓洗擰乾，以去除黃色素。此黃色液可以另行染出淺黃色系。

2. 將去除黃色素的紅花浸泡於鹼水（清水加0.5％的碳酸鉀）中約二小時後，用力搓揉並過濾取染液，反覆此法取三次染液，每次揉花前都要用鹼水浸泡兩小時。

3. 將三次染液混合，並加冰醋酸，將染液調至pH7即為中性浴，以此常溫染液即可用來染色。

4. 先將被染物放入媒染劑中媒染半小時。

5. 將媒染過的被染物放入染液中浸染20分，再絞乾透風氧化。

6. 將原有的染液再調入少許冰醋酸，使染液呈pH6，再將染過的被染物再放入染液中浸染20分，再絞乾透風氧化。

7. 用相同方法將染液調至pH5，再浸染一回。若欲色深，可反覆浸染、氧化多回。

8. 染布經多回浸染、氧化，再水洗、陰乾即成。

大地之華（續）

❶ 紅花浸泡清水，以去除黃色素

❷ 用雙手反覆搓洗，洗淨黃色素

❸ 將去除黃色素的紅花浸泡鹼水二小時

❹ 雙手用力搓揉紅花，將紅色素揉壓出來

❺ 雙手用力擠乾紅花，並將汁液過濾

❻ 紅花萃取液中加入冰醋酸，並量測酸鹼度

❼ 染布放入媒染桶中進行媒染20分鐘

❽ 經媒染後的染布放入紅花染液中染色20分鐘

❾ 反覆進行媒染與液染，使色彩加深

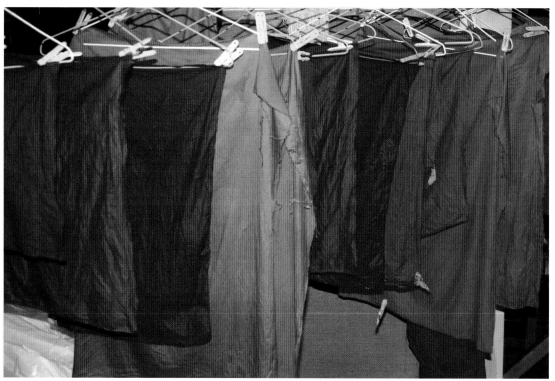

各回染色之後都要吊掛陰乾

染材名稱：紅花	使用部位：花朵	染材用量：200%

染色布樣：蠶絲

稻灰		醋酸鋁	
碳酸鉀		明礬	

染色布樣：棉布

稻灰		醋酸鋁	
碳酸鉀		明礬	

染色布樣：苧麻布

稻灰		醋酸鋁	
碳酸鉀		明礬	

【紫草】

學　　名：*Lithospermum officinale* L.
科屬名：紫草科紫草屬
別　　名：茈莫、紫根、莫草、地血、紫丹

本土分布：台灣目前並無紫草生產，中藥所用皆為進口者
世界分布：中國、日本等
用　　途：藥用、染色、化妝品、洗滌劑、藥品著色劑
染色取材：根部
植物生態：

　　紫草為多年生的草本植物，高約15-35公分，全株皆被糙毛，根部粗壯，多呈扭曲形，顏色紫色。莖直立，單一或從基部分二歧，葉分基生葉與莖生葉，基生葉叢生，為線狀長被針形，全緣，黃綠色；莖生葉互生，稍短小，蝎尾狀聚繖花序密生于頂，苞片葉狀，線狀披針形，具硬毛。花萼短筒狀，無端5裂；花冠長筒狀，淡紫白色，先端5裂，裂片橢圓形，雄蕊5，花絲極短或無，子房有四深裂，花柱纖細，柱頭球狀，小堅果骨質，寬卵形，淡褐色，具疣狀突起。花期6-7月，果期8-9月。

（劉怡君攝）

中藥行購買的軟紫根

文獻集解：

《博物志》載：「平氏山陽紫草特好，魏國以染，色殊黑。」

《授時通考》載：「紫草生碭山山谷、南陽、新野及楚地，苗似蘭香，莖赤節青，二月開花，紫白色，結實亦白色，秋月則其根紫色，可以染紫，味乾氣寒，無毒。

賈思勰撰之《齊民要術》載：「種紫草，宜黃白軟良之地，青沙地亦善，開荒黍稷下大佳。性不耐水，必須高田。秋耕地，至春又轉耕之，三月種之，耬耩地，逐壟手下子，下訖勞之，鋤如穀法，唯淨為佳。其壟底草則拔之。九月中，子熟刈之，候稈，燥載聚打取子，即深細耕。尋壟以耙耬取整理。一扼隨以茅結之，四扼為一頭，當日斬齊。顛倒十重許，為長行，置堅平之地，以板石鎮之令扁，兩三宿，堅頭著日中曝之，令涅涅然，五十頭作一洪，著敞屋下，陰涼處，棚棧上。其棚下勿使驢馬糞及人溺，又忌煙，皆令草失色。其利勝藍，若欲久停者，入五月內著屋中，閉戶塞向，密泥，勿使風入漏氣，過立秋後開，草出色不異，若經夏在棚棧上，草便變黑，不復任用。」

《務本新書》載：「深秋子熟，旁去其土，連根取出，就地鋪稭，頗乾，輕振其土，以茅策束，切去虛梢，以之染紫，其色殊美。」

孟心如所著的《植物色素》云：「（紫草）生山野中，亦有栽培於園圃間者，多年生草本，根之皮部深紫色，莖直立，高二尺許，葉為橢圓形或長卵形，葉面粗糙互生。莖葉皆有小毛，花小帶白色，生於莖之上部，花後結實，形小微尖，冬月將其根掘而乾貯之，供紫色之染料，野生者最佳。」

❶ 紫草裝於玻璃罐中，再倒入酒精浸泡，以溶解色素

❷ 浸泡三天以上，再倒入棉布袋中，用力揉出色素

❸ 備媒染桶調媒染液

❹ 染布進行媒染20分鐘

❺ 將媒染後的染布放入液中搓揉染色多回

❻ 各回染色之後都要將染布吊掛陰乾

染色記事：

　　紫草根分硬紫根與軟紫根兩種，它們皆可用來染色，硬紫根染紫的效果最佳，但它在台灣卻不易入手。軟紫根在中藥店裡容易買到，其色素多為帶紅味重的紫紅。儘管如此，但它仍不失為好染料。

　　紫草屬於低溫性染料，其色素在高溫下會褪色變濁，故不得以熬煮的方法萃取色素，一般萃取的方法是以冷浸搓揉法或酒精浸泡法為之，因酒精對紫草色素具有良好的溶解功能，所以酒精浸泡較能將色素充分利用。

　　其染色過程如下：

1. 取適量紫草，用手揉碎後，裝於玻璃瓶中，再倒入工業用白酒精，酒精量以可以蓋過紫草為原則，再將瓶蓋蓋緊，使紫草色素溶於酒精中，浸泡時間約為3-7日。

2. 浸出液經棉布袋過濾後，再將所剩殘渣裝入棉布袋中，分次加入50--60度間的溫水（溫水總量約為染布重量的10--15倍）並用力搓揉，使殘餘色素溶出。

3. 將各次揉出之染液調和在一起，即為液染之染液。

4. 分別調製稻草灰、醋酸鋁、醋酸錫、明礬作媒染液，並將染布作染前媒染20分。

5. 將媒染後的染布放進染液中染色20分，經擰乾後拉襯陰乾。

6. 陰乾後再重複媒染與液染，如此步驟可反覆進行多回。

7. 最後一次浸染之後，確實將染布陰乾，然後再以清水洗淨，並陰乾而成。

染材名稱：紫草	使用部位：根部	染材用量：130%

染色布樣：蠶絲

稻灰

醋酸鋁

醋酸錫

明礬

染色布樣：棉布

稻灰

醋酸鋁

醋酸錫

明礬

染色布樣：苧麻布

稻灰

醋酸鋁

醋酸錫

明礬

■參考書目

◎中文書籍：

北魏・賈思勰撰 /1998/ 齊民要術 / 江蘇廣陵古籍刻印社・揚州

晉・嵇含撰 /1965/ 南方草木狀 / 台灣商務印書館

唐・張彥遠著 /1983/ 歷代名畫記 / 人民美術出版社・北京

明・李時珍撰 /2000/ 新訂本草綱目（上）（下）/ 世一文化事業

明・劉基 / 多能鄙事 / 中央圖書館善本室微片

明・宋應星撰 /1985/ 校正天工開物 / 世界書局

清・方以智 /1968/ 物理小識 / 台灣商務印書館

清・方觀承 / 欽定授衣廣訓 / 國立中央圖書館藏

清・焦秉貞繪 / 御製耕織圖 / 國立中央圖書館藏

清・楊鞏撰 / 中外農學合編 / 國立中央圖書館藏

清・褚華撰 / 清代 / 木棉譜 / 國立中央圖書館藏

清・衛杰撰 / 清代 / 蠶桑萃編 / 浙江官書局刻本 / 國立中央圖書館藏

清・吳其濬 /1960/ 植物名實圖考 / 世界書局

清・周鍾瑄主修・陳夢林總纂 /1983/ 台灣省諸羅縣志（二）/ 成文出版社

清・李丕煜主修・陳文達等編纂 /1983/ 台灣省鳳山縣志（二）/ 成文出版社

清・王禮主修・陳文達等編纂 /1983/ 台灣省台灣縣志（一）/ 成文出版社

清・董天工撰 /1983/ 台海見聞錄 / 成文出版社

清・李廷璧主修・周璽總纂 /1983/ 台灣省彰化縣志（二）/ 成文出版社

清・陳淑均總纂・李祺生續輯 /1983/ 台灣府葛瑪蘭廳志 / 成文出版社

清・陳培桂主修・楊浚纂輯 /1983/ 台灣省淡水廳志（二）/ 成文出版社

連橫撰 /1983/ 台灣通史 / 成文出版社

黃純青、林熊祥主修 /1983/ 台灣省通志稿 / 成文出版社

范咸著 /1961/ 重修台灣府志 / 台灣銀行發行

林興仁主修・盛清圻編纂 /1960/ 台灣省台北縣志（九）/ 成文出版社

台中縣政府編 /1989/ 台中縣志 / 台中縣政府

吳山主編 /1989/ 中國工藝美術大辭典 / 江蘇美術出版社

台灣慣習研究會原著・台灣省文獻會編譯 /1992/ 台灣慣習記事 / 台灣省文獻會

片岡巖著・陳金田、馮作民合譯 /1981/ 台灣風俗志 / 大立出版社

孟心如著 /1947/ 植物色素 / 上海商務印書館

杜燕孫編著 /1948/ 國產植物染料染色法 / 商務印書館

東方書店編輯部編譯 /1964/ 實用化學工業全書（第六冊）/ 台灣東方書店

易希陶 /1964/ 經濟昆蟲學 / 正中書局

洪元平著 /1965/ 台灣省主要作物病蟲害彩色圖說

賴耿陽譯 /1971/ 精練、漂白、染色法 / 綜合出版社

孟心如著 /1975/ 染色術 / 台灣商務印書館

黃志超編著 /1977/ 蠟染藝術 / 今天出版社

矢部章彥等著・賴耿陽譯 /1978/ 精練漂白染色法 / 五洲出版社

明文書局編 /1982/ 中國紡織史話 / 明文書局

葉金彰著 /1986/ 台灣經濟作物害蟲圖鑑 / 興農雜誌

高漢玉主編 /1986/ 中國歷代織染繡圖錄 / 香港商務印書館香港分館

吳淑生、田自秉著 /1987/ 中國染織史 / 南天書局

聞人軍著 /1990/ 考工記導讀圖譯 / 明文書局

鄭元春著 /1991/ 有毒植物 / 渡假出版社

陳運造著 /1990、 1991/ 野生觀賞植物（一）（二）（三）/ 渡假出版社

莊世琦著 /1990/ 染色技法 1 ・ 2 ・ 3/ 雄獅圖書公司

章以慶著 /1991/ 認識織品－市售布料實物 / 實踐設計管理學院服裝設計系・台北市

中國大百科全書出版社編輯部編 /1992/ 中國大百科全書：紡織 / 中國大百科全書出版社・北京・上海

中國美術全集編委會編 /1993/ 中國美術全集工藝美術編 6、7 印染織繡（上）（下）/ 文物出版社・北京

王銘琪著 /1993、 1995/ 草本觀賞植物（二）（一）/ 渡假出版社

蔡福貴著 /1994、 1995/ 木本觀賞植物（二）（一）/ 渡假出版社

劉業經、呂福原、歐辰雄著 /1994/ 台灣樹木誌 / 國立中興大學農學院出版委員會

陳世行著 /1994/ 恆春特產－瓊麻・洋蔥・港口茶 / 墾丁國家公園管理處

李勉民主編 /1994/ 常見藥草圖說 / 讀者文摘遠東有限公司・香港

邱志明等撰文 /1994/ 墾丁森林遊樂區恆春熱帶植物園常見植物 / 林業試驗所恆春分所

鄭元春著 /1995/ 特用植物 / 渡假出版社

鄭元春著 /1995、 1997/ 野菜（一）（二）/ 渡假出版社

邱年永、張光雄著 /1995、 1998/ 原色台灣藥用植物圖鑑（1）（2）（3）（4）（5）/ 南天書局

王相華撰文 /1995/ 民俗植物－恆春社頂部落 / 台灣省林業試驗所

何坤益、呂勝由、陳舜英撰文 /1996/ 嘉義樹木園植物（一）/ 台灣省林業試驗所

王庄穆主編 /1996/ 中國絲綢辭典 / 中國科學技術出版社・北京

周汛、高春明編著 /1996/ 中國衣冠服飾大辭典 / 上海辭書出版社・上海

黃嘉隆撰文 /1997/ 太平之美—太平市植物資源專輯 / 台中縣太平市公所

張道一主編 /1997/ 夾纈 / 漢聲雜誌社

丘應模著 /1998/ 台灣的水果 / 渡假出版社

何堂坤、趙丰撰 /1998/ 紡織與礦冶志 / 上海人民出版社・上海

洪丁興著 /1998/ 台南縣鄉土植物 / 台南縣政府

李幸祥著 /1999/ 台灣藥草事典（1）（2）（3）（4）/ 旺文社

顏焜熒著 /1999/ 原色常用中藥圖鑑 / 南天書局

林則桐等編著 /1999/ 福山原生樹種 / 台灣省林業試驗所

馬芬妹 /1999/ 青出於藍—台灣藍染技術系譜與藍染工藝之美 / 台灣省手工業研究所

李瑞宗、陳玲香著 /2000/ 藍—台灣的民族植物與消失產業 / 陽明山國家公園管理處

張豐吉著 /2000/ 編織植物纖維研究 / 台中縣文化中心

潘富俊著 /2001/ 詩經植物圖鑑 / 貓頭鷹出版

潘富俊著 /2001/ 唐詩植物圖鑑 / 貓頭鷹出版

呂福原、歐辰雄、呂金誠編著 /2001/ 台灣樹木解說（一）（三）（四）（五）/ 行政院農業委員會

呂福原、歐辰雄編著 /2001/ 台灣樹木解說（二）/ 行政院農業委員會

陳景林等著 /2001/ 植物的煉金術 / 財團法人浩然基金會

楊遠波、劉和義、呂勝由 /2001/ 台灣維管束植物簡誌（第貳卷）/ 行政院農業委員會

劉和義、楊遠波、施炳霖、呂勝由 /2001/ 台灣維管束植物簡誌（第參卷）/ 行政院農業委員會

楊遠波、劉和義、彭鏡毅、施炳霖、呂勝由 /2001/ 台灣維管束植物簡誌（第肆卷）/ 行政院農業委員會

楊遠波、劉和義、林讚標 /2001/ 台灣維管束植物簡誌（第伍卷）/ 行政院農業委員會

陳千惠著 /2002/ 台灣植物染 / 大樹文化出版

劉道廣主編 /2003/ 蠟染 / 漢聲雜誌社

◎論文與報告：

馬芬妹 /1991/ 黃色系植物染料的蠶絲染色研究 / 台灣省手工業研究所

馬芬妹 /1993/ 檳榔、薯榔傳統植物染色之研究 / 台灣省手工業研究所

馬芬妹 /1994/ 紅色系天然染料蠶絲、羊毛染色之研究 / 台灣省手工業研究所

王寶瑛 /1999/ 植物染料應用於棉麻織物染色性之研究 / 中興大學森林學研究所，碩士論文

陳景林/2000/台灣常見的植物染色製作第二期期末報告書/台中縣文化中心

蔣世寶/2001/中國傳統天然染色材之顯色關係研究—以植物染色之紅色系為例/雲林科技大學視覺傳達設計研究所，碩士論文

申屠光/2001/台灣常見植物染色織品染色堅牢度研究報告書/台中縣立文化中心

何玉鈴/2001/板藍根、大青葉及青黛之生藥學及藥理學研究/中國醫藥學院中國藥學研究所藥學博士論文

蔡辰豪/2002/從染料到染坊－－17至19世紀台灣的藍靛業/暨南國際大學歷史系碩士論文

◎外文書籍：

山崎青樹著/1981/草木染の事典/東京堂出版・東京

山崎青樹著/1990/草木染染料植物圖鑑/美術出版社，東京

山崎青樹著/1990/續草木染染料植物圖鑑/美術出版社，東京

寺村祐子著/1992/續・ウールの植物染色/文化出版局，東京

山崎青樹著/1994/改訂新版草木染・糸の蓽基本/美術出版社，東京

山崎青樹著/1995/草木染色を極めて五十年/美術出版社，東京

山崎青樹著/1995/草木染・木綿の染色/美術出版社，東京

寺村祐子著/1996/ウールの植物染色/文化出版局，東京

山崎青樹著/1996/續・續草木染染料植物圖鑑/美術出版社，東京

山崎青樹/1997/型染・引き染の基本/美術出版社，東京

京都造形藝術大學/1998/染を學ぶ/角川書店，東京

吉岡幸雄、福田傳士主編/2001/自然の色を染める/紫紅社，京都市

榊原あさ子/2001/日本伝統絞リの技。紫紅社，京都市

染太郎/2002/染太郎の口伝帳/大阪

高橋誠一郎/2003/藍染おりがみ絞り/染織と生活社，京都市

Jenny Dean/1994/The craft of NATURAL DYEING/Search Press Ltd.

Jenny Balfour-Paul /2000/Indigo/ British Museum Press，London

Miyoko Kawahito/2003/Characteristics of Color Produced by Natural and Synthetic Indigo/Graduate School・Division of Material Science Kyoto Institute of Technology

■附錄

大地之華—台灣天然染色事典（一）

目　錄

大地之華（續）

國家圖書館出版品預行編目資料

大地之華—臺灣天然染色事典（續）/陳景林，
馬毓秀著 . -- 臺中縣豐原市：中縣文化局，
民93
　　面；　公分
參考書目：面

ISBN 957-01-9374-3（平裝）
1.染色　2.染料作物

434.91　　　　　　　　　　　　93022737

台中縣編織工藝館叢書　《大地之華 - 台灣天然染色事典》（續）
指導單位：台中縣政府
主辦單位：台中縣文化局
承辦單位：台中縣立文化中心
發 行 人：黃仲生
總 編 輯：陳嘉瑞
副總編輯：陳瓊芬
主　　編：施金柱、張惠茹
著作權人：陳景林、台中縣立文化中心
封面題字：李惠正
作　　者：陳景林、馬毓秀
染色助理：陳明珠、李國泉、黃英明、高銓卿
美術編輯：陳景林、馬毓秀、黃振華、黃玉卿
行政支援：袁淑敏、陳富滿、楊明蓉、張曉玲、劉秋智
出　　版：台中縣立文化中心
　　　　　地　址：台中縣豐原市圓環東路782號
　　　　　電　話：（04）25260136
印　　刷：晉富印刷有限公司
　　　　　電　話：（04）23139222
定　　價：690元
出版日期：九十三年十二月
ISBN 957-01-9374-3（平裝）
行政院新聞局出版事業登記證局台版業字第31號
　　※圖文未經出版者同意不得轉載※

枇杷

番紅花

紅藍花

橡實

櫟斗子

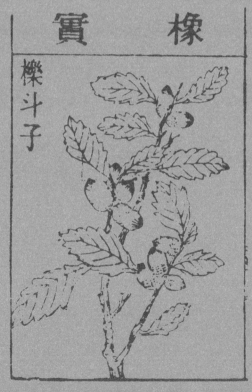

染色

多　人　方　形　銀　絲
是　曉　自　曾　光　成
天　染　聖　費　皎　練
工　得　傳　萬　皎　時
巧　色　不　仙　因　萬
　　鮮　繼　老　為　縷
　　明　何　翁　五
　　　　　　　色